경쟁에서 20분 만에 판을 뒤집는
고수의 프레젠테이션 전략

경쟁에서 20분 만에 판을 뒤집는

고수의
프레젠테이션
전략

박상현 지음

생사를 건 전쟁,
프레젠테이션에서 승리하는 법

프레젠테이션은 생사를 건 전쟁이다

우리는 강의, 강연, 프레젠테이션이 대중화 된 시대에 살고 있다. 무엇보다 자신의 주장을 말로 표현하는 것을 중요시하는 우리 사회에서 프레젠테이션의 가치는 더욱 높아졌다. 때문에 어린아이들은 발표력을 키우는 훈련을 받기도 하고, 시중에는 많은 프레젠테이션 관련 서적이 난무하고 있다. 더욱이 직장인이라면 누구나 프레젠테이션에서 자유로울 수 없고, 단 한 번의 프레젠테이션의 결과는 개인의 삶에 영향을 미치기도 한다. 따라서 어설픈 프레젠테이션이라면 차라리 하지 않는 편이 낫다. 발표자에 대한 부정적 기억이 오랫동안 따라다닐 수도 있기 때문이다.

많은 사람들이 프레젠테이션을 공부하고 있고, 실력 향상을 위해 애쓰고 있지만 이들은 프레젠테이션을 너무 고상하게 생각하는 경향이 있다. 많은 프레젠테이션 교재가 스티브 잡스의 예술적 발표나, TED의 감동적인 스토리텔링, 탁월하고 유머러스한 인문학 강의 등을 인용하는 경우가 대부분이기 때문이다. 그러나 사회생활을 하는 사람들에게 프레젠테이션은 한마디로 생사를 건 전쟁에 가깝다. 나를, 나의 제품을, 팀의 성과를, 회사의 사활을, 기업 전체의 생존을 걸고 프레젠테이션을 하고 있는 것이 현실이다. '프레젠테이션이라는 전쟁'을 치르고 있는 것이다. 직장인의 경우 누구나 보고를 위한 프레젠테이션을 진행해야 하고, 취업을 준비하는 사람들은 취업 과정 중에 반드시 프레젠테이션이라는 관문을 통과해야 한다. 영업 분야에 종사하는 사람이라면 경쟁 상황을 잘 보고해야 하고, 사업을 하는 사람이라면 생사를 건 투자유치, 또는 경쟁사와 대결하기 위해 프레젠테이션을 해야 한다. "재미있게 잘 들었습니다"라는 말과 박수로 끝나는 고상한 놀이가 아니라 생존경쟁의 좌표가 바로 프레젠테이션이다.

프레젠테이션 전략, 어떻게 세울 것인가?

이 책은 발표 자세나 슬라이드 작성법을 다루지는 않았다. 즉 자전거를 타는 방법보다는 자전거 경주에서 이길 수 있는 방법, 다시 말해 경쟁 상황에서 승리할 수 있는 프레젠테이션 전략에 관한 책이다.

이 책은 30여 명의 프레젠테이션 고수들을 만나 인터뷰한 내용을 바탕으로 서술되었다. 인터뷰에서 찾은 고수들만의 세 가지 뛰어난 능력은 아래와 같다.

· 첫째, 청중의 마음을 간파하는 탁월한 공감력
· 둘째, 청중의 생각을 처음부터 끝까지 끊이지 않도록 만드는 시나리오 구성력
· 셋째, 발표장을 자신의 것으로 만드는 뛰어난 연출력

이 세 가지 능력만 봐도 '저 사람은 타고났구나!' 싶은 감탄이 절로 나온다. 이들은 몇 가지 정보만 가지고도 청중의 관심을 유도하고, 탄탄한 스토리로 사람들을 집중시킨다. 발표장에서 한 편의 명품 연극을 관람하는 듯한 느낌을 주는 사람도 있다. 그런데 타고난 능력을 어쩔 것인가? 다행히 여러 사람들의 코칭을 통해 이런 능력들이 계발 가능하다는 걸 알리고 싶었고, 고수의 반열에 오른 후배들도 꽤 있어 이 책을 쓰기로 마음먹었다.

판을 뒤집는 절대 고수들의 프레젠테이션 실전 비법

고상한 프레젠테이션은 없다. 단언컨대 모든 프레젠테이션은 치열한 경쟁이며 인생이 걸린 한판 승부다. 스포츠 경기에서처럼 최선을 다한 모습이 감동적이라는 말을 누구도 해주지 않는다. 오직 승자만이 기억되는 전쟁이다. 따라서 어떤 프레젠테이션이건 전쟁에

임하는 장수의 마음가짐으로 준비해야 하며, 기본 무술능력을 익히는 것 이외에 전략, 전술에 관한 공부를 해야 한다.

프레젠테이션 관련 책들은 프레젠테이션해야 할 내용이 매우 다양하고 전문 분야를 다루어야 할 때도 많기 때문에 유명인의 연설 등을 사례로 드는 경우가 많다. 이 책에서는 과감하게 현장에서 진행되는 프레젠테이션의 사례를 담았다. 고수들의 승리 사례를 통해 전략이 어떻게 승리를 이끄는지 살펴볼 수 있다.

주어진 20분을 절대 어설프게 쓰지 마라

내가 발표자로 나설 때마다 늘 떠올리는 고수의 조언이 있다.

"명심해야 할 것은 발표장에 청중들을 앉히기 위해 누군가는 나보다 10배, 100배는 더 고생을 했다. 그런 사람들의 노고와 기대를 생각한다면 10분이건 20분이건 어설프게 발표해서는 안 된다."

"경쟁이 아닌 프레젠테이션은 결코 없다. 누군가는 나의 발표를 평가하여 다른 발표와 비교한다는 것을 명심해라."

우리는 참가해 준 청중에게도 감사해야 하고, 그 청중을 모으기 위해 노력한 누군가에게 더욱 감사해야 한다. 더욱더 중요한 것은 프레젠테이션은 공식적으로 나를 표현할 수 있도록 허용된 나만을 위한 시간이라는 점이다. 그러므로 감사의 마음을 갖고 나에게 주어진 어떠한 시간도 소홀히 해선 안 된다. 나의 발표는 나를 포함한 누군가의 승패가 걸려 있다는 점을 절대 잊지 말아야 한다.

CONTENTS

프레젠테이션 전쟁에서 승리하라

01

어설프다면,
차라리 안 하는 게 낫다

"이겼습니다! 정말 감사합니다. 코칭해 주신 내용이 제대로 먹혔습니다!" 얼마 전 프레젠테이션 코칭을 받았던 김 과장 전화다. 매우 쟁쟁한 경쟁사와의 경합 발표에서 승리했다는 그의 목소리에는 기쁨이 넘쳐났다. 나는 김 과장에게 청중의 성향을 짚는 멘트를 가다듬어주었고, 경쟁사의 시나리오를 예측해 허를 찌르는 법을 알려주었다. 또 차별화 요소를 앞쪽에 배치시키고, 내용을 카테고리화하는 동시에 강한 마무리 멘트를 구사하고 확신에 찬 모습을 보여주는 방법에 대해 코칭하였다. 그리고 무엇보다 발표자 스스로 자신감을 갖도록 도와주었다.

코칭에는 많은 시간이 걸리지만 누군가의 승리에 큰 보탬이 되었다는 사실은 매우 기쁜 일이다. 무엇보다 규모가 큰 프레젠테이션을 앞둔 발표자의 부담감은 매우 크게 마련이고, 누군가의 도움이 절실하다는 것을 잘 알기에, 나의 코칭이 도움이 되었다는 말을 들으면 보람이 크다.

나 또한 사회 초년 시절 절박한 마음으로 선배를 찾아갔었고, 그때 고수들의 한 마디 한 마디는 잊을 수 없는 큰 가르침이 되었다. 매우 강력한 경쟁 프레젠테이션에서 이겼다는 것은 흔히 겪지 못하는 값진 일이지만, 그보다 더욱 중요한 것은 김 과장이 갖게 될 인생에서의 자신감과 그를 바라보는 많은 사람들의 굳건한 신뢰다. 앞으로 김 과장의 인생은 크게 달라질 것이다. 강력한 경쟁적 상대를 맞이했을 때 김 과장을 찾는 사람이 많아질 것이고, 몇 번 더 좋은 성과를 거둘 경우 그의 위상은 높아질 것이다. 무엇보다 더 좋은 기회들이 상대적으로 김 과장에게 많이 주어질 것이다.

반면, 김 과장이 승리하였다는 것은 경쟁사의 누군가는 패배했다는 것을 의미한다. 그는 뼈아픈 좌절을 맛보았을 것이고, 자신의 동료, 선후배 들이 위로는 하겠지만 스스로 극복하지 않는 한 패한 결과에 대한 주변의 평가는 생각보다 아주 오래갈 것이다.

한 번의 발표로 삶의 방향이 바뀐 사례는 무척 많다. 몇 가지 사례를 살펴보자.

글로벌 기업 J—Solution 김광영 차장은 모두에게 실력을 인정받는 능력 있는 사람으로, 승진 기회를 맞아 당연히 부장으로 진급할 예정이었다. 본인도 그렇게 행동을 했고 윗선에서 끌어주는 이도 있었다. 그렇게 굳게 믿었기에 자기가 아닌 다른 후보가 부장으로 승진한 것은 충격 그 자체였다. 무엇보다 궁금했던 건 '왜 탈락했을까?'였다. 본인을 끌어주던 이사를 찾아가 이유를 물었다.

"자네 작년 고위간부회의에서 도대체 발표를 어떻게 한 건가? 왜 그걸로 발목이 잡힌 건가? 그 발표 한 번에 자네는 리더감이 아니라고 낙인 찍혔네."

US C&T의 스티브 훅은 2015년 향후 5년간의 회사의 비전을 발표하는 전략 프레젠테이션 준비팀에 소속되었다. 누구보다 회사의 비전 메시지 개발에 깊이 참여했던 스티브 훅은 자의 반 타의 반으로 발표를 하게 되었다. 'Future of US C&T'라는 주제의 발표는 1만여 명의 회사 직원 및 협력사 관계자들 앞에서 이루어졌고, 프레젠테이션은 녹화되어 전 세계 지사들에게 전달되었다. 그의 강렬한 표정과 확신에 찬 영국식 특유의 발음은 모든 사람들의 감탄을 자아냈다. 결국 'Future of US C&T'라는 비전은 곧 스티브 훅과 동일시되었다. 전 세계의 지사를 다니며 회사의 비전을 발표하게 된 스티브 훅은 주요 고객 대상 발표장, 주주총회 등 큰 무대에서 연이어 발표를 하게 되었다. 그리고 회사는 그를 한꺼번에 두 단계나 승진시켜주었다.

K대학교 공과대학의 김영경 교수와 박우진 교수는 10여 년 전부터 유수의 IT기업 행사에 최신 기술 동향이나 연구 성과들을 발표

해 왔다. 그러나 지금은 아무도 김영경 교수를 불러주지 않는다. 반대로 박우진 교수는 여러 곳의 초청을 받으며 IT기업에서 몸값 높은 단골 프레젠터로 활약하고 있다. 최근에는 TV나 인터넷 방송 등에도 초청되어 유명인사가 되었다. 이유는 단 하나. 행사를 성공적으로 만들어주는 확실한 발표자로 자리매김했기 때문이다.

이런 사례들은 매우 흔하게 접할 수 있다. 단 한 번의 프레젠테이션은 발표자의 삶에 큰 영향을 미칠 수 있다. 감동적인 발표는 청중들에게 깊은 인상을 심어주고 그 인상은 좋은 평가로 확대되며 사람들 사이의 주요 대화거리가 된다. 하지만 좋은 결과를 이끌어냈을 경우 매우 긍정적인 호응을 불러일으키지만 결과가 나쁘다면 매우 치명적인 상처가 된다.

프레젠테이션의 결과는 발표 자체의 평가로 끝나지 않는다. 발표자에 대한 평가로 이어지게 마련이다. '발표를 잘하는 사람, 발표를 못하는 사람'이 아니라 '업무를 제대로 아는 사람, 업무 파악을 못하는 사람' 또는 '긍정적인 사람, 부정적인 사람'으로 평가되고 생각보다 아주 오랫동안 사람들은 발표자에 대한 이미지를 형성시킨다. 단한 번의 발표가 인생에 중대한 영향을 줄 수 있다는 사실을 명심해야 한다. 따라서 프레젠테이션을 노래방에서 노래하듯 가볍게 생각해서는 안 된다.

프레젠테이션이 직업인 경우는 없다. 다만 사회생활을 하다 보면 자연스레 프레젠테이션을 해야 할 기회가 생긴다. 단언컨대 어느 누구도 피해갈 수 없다. 준비된 사람은 그 기회를 잘 활용할 것이고, 그렇지 못한 사람은 기회를 놓치게 된다. 하지만 준비가 안 되어 있을 경우에는 다음 기회를 노리는 것이 차라리 낫다. 어설픈 프레젠테이션 한 번으로 파생되는 부정적 영향이 매우 클 수 있기 때문이다.

02

기회, 왔을 때
확실히 휘어잡아라

사회 초년생 때의 일이다. "이번에 외국 바이어들이 방문할 예정 인데. 진행하고 있는 프로젝트를 발표를 해야 하네. 자네가 한번 발 표해 보겠나?" 열심히 프로젝트 관련 자료를 만들고 있던 나에게 부 서장님으로부터 뜻밖의 제안을 받았다. 순간적으로 내가 인정받고 있구나 하는 생각에 기뻤고, 좋은 기회를 제안해 준 부서장님에게 감사하기도 했다. 누구보다 그 프로젝트에 대해 자신이 있었고 나름 대로 열심히 노력해 좋은 성과를 만들어가고 있다는 자부심도 있었 다. 영어로 발표해야 한다는 부담감도 있었지만 무엇보다 바이어들 앞에서 발표를 잘 해낸다면 분명 앞으로 내가 성공할 수 있는 좋은 기회가 될 것이라 확신했다. 그러나 한편으로는 많은 선배들과 프로젝트를 진행했기에 매사에 겸손해야 한다는 생각도 들었다. 그래서 이렇게 대답을 했다.

"물론 감사한 일이지만 프로젝트를 같이 진행하시는 선배님들도 많은데 제가 그 중대한 일을 하기에는 부족하지 않을까 걱정이 됩니다."

"그래도 내가 보기엔 자네가 적격이네"라는 말씀을 기대했다. 그러나 상황은 내 예상과는 달리 진행되었다.

"그래? 알겠네. 그럼 다른 친구에게 부탁해 보도록 하지." 하고 나의 동기에게 기회를 넘겨주었다. 순간 매우 당황스러웠고 그 후 며칠 동안 나 자신이 한심스러웠다. 다시 한 번 되물어주지 않은 부서장님을 원망하며 지냈던 기억이 생생하다. 나의 동기는 발표를 멋지게 해냈고 많은 칭찬을 받았으며, 그 뒤 회사의 주요 바이어들이 올 때면 단골 프레젠터로서 팀에서 중대한 역할을 하게 되었다. 오래전 이야기지만 그 경험은 나에게 매우 충격적이었고, 여전히 생생하게 기억 속에 남아 있다. 지금, 내가 그분의 위치에 있어 보니 내가 어떤 제안을 했을 때 자신감 없어 보이는 후배들에게 중요한 일을 맡기는 것이 쉽지 않다는 점을 알게 되었고, 당시의 부서장에 대한 서운했던 마음도 조금은 가라앉았다.

철강왕 앤드류 카네기는 "누구든지 좋은 기회가 없었던 것은 아니다. 다만 그것을 제때에 알 수 없었을 뿐이다"라고 했고, 헬렌 롤랜드는 "사람이 인생에서 가장 후회하는 것은 기회가 왔을 때 저지르지 않는 행동이다"라고 했다. 사회생활을 하면서 이런저런 기회는 반드시 누구에게나 오게 마련이다. 그리고 그 기회를 얻는 것도, 그것이 기회라는 것을 인지하는 것도, 기회를 잡을지에 대한 확신도 오직 본인의 몫이다. 기회란 여러 가지 형태로 찾아오겠지만 분명한 것은 프레젠테이션은 인생을 바꿀 만한 무시하지 못할 기회를 펼쳐보인다는 것이다.

국내 굴지의 반도체 기업 마케팅 부서에 근무하는 김은숙 차장은 자신에게 찾아왔던 인생의 소중한 기회를 감동적으로 이야기해 준다. 반도체 생산라인에서 품질점검 업무를 보았던 그녀는 그 일이 자신의 적성에 맞지 않아 불안한 나날을 보내고 있었다. 그러던 어느 날, 초등학생들이 단체로 방문할 예정이라 반도체 생산에 대해 프레젠테이션을 해야 한다는 업무 지시가 내려왔다.

일상 업무도 바빠 힘든데 초등학생 앞에서 발표를 하라는 것은 귀찮은 일이기에 밀리고 밀려 그 팀까지 내려온 것으로 보였다. 당연히 팀원 모두가 당황했고 불만 섞인 목소리가 여기저기서 터져나왔다. 그러나 순간적으로 그녀는 '나의 기회'라고 느꼈다고 한다. 그리고 반도체의 정의에서부터 생산 공정과 활용까지 공부를 하였고 무엇보다 어린이들 눈높이에서 이해할 수 있는 재미있는 자료를 만들어내느라 고심에 고심을 더했다.

대충 하고 끝낼 수도 있는 일이었지만 최선을 다해 준비했고 예상대로 어린이들은 집중해서 즐겁게 프레젠테이션을 경청했다. 마침 회의를 마친 임원진들이 발표장을 우연히 방문하였고, 집중하고 있는 어린이들과 그녀의 쉽고 재미있는 발표를 한참 동안 지켜보았다. 또렷한 말솜씨와 쉽고 기발한 내용들이 임원진의 시선을 붙잡았다. 임원진들의 칭찬이 이어졌고 얼마 후 그녀는 본인이 옮기고 싶었던 마케팅 부서로 가게 되어 현재의 위치에 오른 것이다. 그것이 기회라는 것을 어떻게 알았냐는 질문에 그녀는 말했다.

"무엇이건 그것을 기회라고 생각하면 기회가 되는 것이라 믿고 있어요."

한 번의 프레젠테이션이 인생의 기회가 된 사례는 상당히 많다. 왜 그럴까? 세 가지로 요약해 볼 수 있다.

· 첫째, 오롯이 나의 모든 능력을 표현할 수 있는 공식적인 나만의 무대다.
· 둘째, 많은 사람들이 상당한 시간 동안 나만을 보게 할 수 있는 공식적인 자리다.
· 셋째, 발표 주제와 함께 발표자의 이름이 널리 알려지는 최고의 홍보 도구다. 물론 발표가 훌륭히 끝났다면 말이다.

사회생활을 하면서 프레젠테이션을 두려워하거나 피하는 안타까운 경우를 많이 본다. 무대 공포증이 있다거나, 말을 잘 못한다거나 해본 적이 없다는 등 가지 각색의 이유로 프레젠테이션 기회를 거부하는 사람들을 본다. 하지만 기회는 사라지는 것이 아니라 다른 사람에게로 넘어가고 성과와 명예 또한 그 발표자가 가져간다. 그리고 발표 기회를 거부한 사람들에게 다시는 기회가 가지 않는다. 스스로 거절했기 때문이다.

03

나라의 명운을 쥔
장수처럼 임하라

젊은 시절, 프레젠테이션을 잘한다는 말을 듣는 게 참 좋았다. 한 번은 밤 늦게까지 사무실에서 프레젠테이션 연습을 하고 있었다. 선배 한 분이 술에 취해 나타나 청중이 되어주겠다며 회의실 끝자리에 앉았다. 그리고 실제로 청중이 된 듯 이런저런 질문들을 하기 시작했다. 그때의 조언은 두고두고 나의 기억에 남아 있다.

"발표는 참 잘하네. 듣던 대로 박수받을 만해. 그런데 내일 프레젠테이션의 목적을 잘 이해하지는 못한 거 같네. 발표는 아주 긴 전쟁 중의 작은 전투일 뿐이야. 싸우라고 해서 그냥 싸우면 안 돼. 한 녕의 병사가 아니라 전쟁을 지휘하는 장수의 심정으로 생각해 봐. 긴 호흡으로 전체를 봐야 해."

술 취한 선배의 취기 도는 말에 살짝 기분이 나빴지만 무언가 확 파고드는 말이었다. 나는 프레젠테이션 자체에만 집중하고 있었던 것이다. 발표 자세, 목소리, 유머, 제스처 등 '발표 잘하는 나'를 만들기 위해 노력하고 있었던 것이다. 그리고 그게 새벽까지 연습하는 이유였다. 정작 프레젠테이션의 궁극적인 목적을 알지 못한 채 말이다.

코칭을 부탁하는 사람들에게 먼저 물어보는 것은 맡은 프레젠테이션의 목적이다. "이 프레젠테이션을 통해 얻고자 하는 것은 무엇인가요?" 그러나 안타깝게도 대부분 구체적이지 못하다. 그저 자신의 발표시간 20분~40분 만을 생각하는 경우가 많다.

왜 이런 일이 생기는 것일까? 그것은 스스로를 병사로 포지셔닝했기 때문이다. 마치 고지를 점령하라고 하니 그냥 하는 것이고, 정작 왜 점령하는지 모르는 것과 같다. 프레젠테이션을 하는 사람은 전쟁을 지휘하는 장수의 마음을 가져야 한다. 발표 한번 하는데 굳이 장수의 자세까지 갖추어야 하는가? 라고 반문할 수 있다. 여기서 두 가지 흔히 발생하는 상황을 살펴보자.

발표자가 조직 내에 지위가 낮을수록 여러 가지 지적과 주문 들이 들어온다. 이렇게 해라, 저렇게 해라 하며 조직 내의 이해관계자 각자가 자신의 경험을 토대로 발표자를 흔드는 경우가 많다. 이를 조언으로 듣되 발표자가 스스로 중심을 잡아야 한다. 프레젠테이션의 앞뒤 전체를 보는 시각을 가져야 여러 지적에 대응할 수 있다. 그렇지 않으면 이리저리 끌려다니다가 프레젠테이션은 엉망이 된다. 그리고 그 책임은 당연히 발표자에게 있다. 골프 자세를 알려달라 했더니 어떤 사람은 무릎을 더 굽히라 하고 어떤 사람은 무릎을 더 펴라고 한다. 전자는 키가 크고 후자는 키가 작기 때문에 이런 상황이 발생한다. 조언은 언제나 소중한 것이다. 그러나 자신에게 맞게 소화하려면 스스로 프레젠테이션의 목적이 무엇인지, 회사의 전력 상황은 어떤지 등 상황 전체를 읽어야 한다. 병사가 아닌 장수의 시각이 필요한 이유다.

프레젠테이션의 중요도가 크면 클수록, 그리고 경쟁에서 우세한 상황일수록 발표 내용에 대해 이런저런 요청 또는 압박이 들어온다. 그 요청과 압박의 강도는 딜의 규모에 따라 달라진다. 당신이 아주 큰 딜에 발표자로 나설 기회가 생긴다면 난처한 경우를 만날 것이다. 수많은 이해 당사자들이 갑자기 등장해 발표의 방향에 대해 이러쿵저러쿵 훈수를 두기도 하고, 각자의 이해관계에 따라 자신들의 입장을 발표 내용에 넣어달라는 청탁도 한다. 지인을 통한 협박하기, 사정하며 매달리기, 아부하기 등 발표 내용을 자신들에게 유리하게 만들기 위한 시도들은 치열한 경쟁체제하에서 발생하는 당연한 과정이라 여겨야 한다.

간혹 상위의 권력을 통해 너에게 영향을 행사하려는 시도도 나타난다. 이때 발표자가 중심을 잡지 못하면 전쟁은 100% 패한다. 즉 발표자가 스스로 병사로 포지셔닝을 하게 되면 갑자기 등장한 수많은 주위 장수들의 이런저런 주문을 듣다가 어정쩡한 프레젠테이션을 할 수밖에 없다. 발표자가 나라를 구하는 장수의 심정으로 임해야 하는 이유다. 그렇지 않으면 배가 산으로 갈 수밖에 없다. 그리고 배가 산으로 간 것에 대한 책임은 당연히 발표자에게 있다.

《손자병법》에서 이르길 장수의 자질이 승리를 결정짓는다고 했다. '적의 장수를 보고 싸울지 말지를 결정짓는다'라고도 했다. 모든 프레젠테이션이 전쟁과 같다고 한다면 발표자는 전체를 보는 장수의 자세를 갖추어야 한다.

손자는 천天, 도道, 지地, 장將, 법法을 장수의 기본 자질이라 했다. 이를 프레젠테이션에 임하는 발표자의 자세에 적용해 볼 필요가 있다. '도천지장법', 발음하기 좋으니 외워두기 바란다.

도(道): (발표자를 중심으로) 한마음이 되어야 승리할 수 있다

상하가 의견이 맞지 않으면 어떤 전쟁에서도 진다. 아무리 뛰어난 사람들이 모여 있더라도 팀원 간의 신뢰가 무너지면 승리하기 힘들다. 혼자서 프레젠테이션을 준비하는 경우는 극히 드물다. 적어도 누군가의 의견은 들어보게 마련이다. 일반적으로 몇 명의 사람이 같이 준비를 하게 될 텐데 그때 전체적인 팀의 일치단결에 대한 책무는 누구에게 있는가? 적어도 프레젠테이션에 관한 한 그 책무는 발표자에게 있다. 팀워크를 만들어내고 화합하여 한마음으로 준비하도록 하는 것은 발표자가 해야 할 일이다. 어떤 경우에 팀워크에 해가 되는 사람이 있다면 과감하게 제외하는 일도 발표자의 몫이다. 뒤에서 이야기하겠지만 경쟁사의 팀워크를 무너뜨리는 것도 경쟁 프레젠테이션의 전략이다.

천(天): 하늘(청중)의 흐름을 읽어야 한다

팀원이 각자 맡은 분야에 적극적으로 임하더라도 발표자의 시각을 가진 사람은 단언컨대 단 한 사람뿐이다. 바로 발표자 자신이다. 어떤 사람도 발표자가 가진 시선으로 준비하지 못한다. 발표자가 나서서 전체의 흐름을 살펴야 하는 이유다. 젊은 시절 누군가 나에게 이렇게 부탁을 했다. "A기업에 우리 회사의 제품에 대해 발표해 주십시오." 이렇게 요청하는 사람도 하수이고 그 말대로 준비하는 사람도 하수다. 당시 의뢰받은 프레젠테이션의 목적은 딜레이 전략(연기 전략)의 일환이었다. 고객의 경쟁제품 구매 결정을 우리가 준비될 때까지 연기해 달라는 것이 핵심이었다. 앞뒤 상황을 살피지 않고 준비를 한다면 결코 원하는 목적을 이룰 수 없다. 발표사는 장수의 마음으로 프레젠테이션의 전체적인 흐름을 읽어야 한다.

지(地): 땅(경쟁자)의 형태를 살펴야 한다

이순신 장군의 명량해전은 지형을 읽고, 유속의 변화와 방향을 읽고 그로 인한 적의 반응을 정확히 예측한 결과다. 프레젠테이션의 발표자 또한 경쟁 관계가 어떻게 진행될지 예측할 수 있어야 한다. 만약 경쟁 프레젠테이션 상황이라면 경쟁사의 발표자가 누군인지도 파악해야 하고 경쟁자가 어떤 시나리오로 발표할지 예측도 해야 한다. 뿐만 아니라 자신을 도와줄 청중 내의 아군, 적군을 구분할 수 있는 능력도 장수가 갖추어야 할 덕목이다. 즉 현상적으로 벌어질 외부적 요인들에 대한 분석과 예측, 그리고 승리에 도움이 될 수 있는 긍정적 요소가 무엇인지 알아야 한다.

장(將): (자신감을 가지고 자신감을 주는) 장수여야 한다

장수는 신의와 용기와 엄격함을 갖추어야 한다. 프레젠테이션의 발표자는 청중들을 설득하기 전에 그럴 만한 사람이어야 한다. 같은 이야기를 하더라도 누가 이야기를 하느냐에 따라 설득의 강도는 달라진다. 아리스토텔레스는 설득을 결정짓는 요소로 화자의 인품에토스:Ethos, 청중의 정서파토스:Pathos, 내용의 논리성로고스:Logos을 들었다. 그중 가장 설득에 중대한 영향을 미치는 것이 에토스라 주장했다. 이 에토스가 바로 장將에 해당된다. 발표자가 신뢰할 만한 사람이면 설득력이 강해지게 마련이다. 그러기 위해서는 주어진 주제에 대해 끊임없이 연구해야 하고 실제로 그 주제에 대한 지식을 갖추어야 한다.

법(法): (업무 분장으로) 조직력을 갖추어야 한다

싸움은 혼자 하는 것이 아니다. 전쟁에서 군사제도, 상벌제도 등 법제를 통한 조직적인 관리체계가 중요한 것처럼 프레젠테이션의 경우도 무엇보다 조직적인 움직임과 역할을 잘 살피고 유기적으로 움직일 수 있도록 발표자가 신경을 써야 한다. 작게는 발표 당일 팀원들의 역할을 점검하고, 크게는 전체 앞뒤의 흐름에서 팀원들의 역할을 점검해야 한다. 준비단계에서 업무를 분장하고, 발표 현장에서의 역할을 규정해 주며, 발표가 끝난 다음의 후속 조치로서의 역할을 제시해 주어야 한다. 만약 이러한 권한이 발표자에게 주어져 있지 않다면 권한을 가진 사람에게 간접적으로 부탁을 해야 한다. 적어도 발표자 스스로 관련된 사람들과 적극적으로 논의를 해주어야 한다.

당신이 조직 내에 어떤 위치에 있건 프레젠테이션의 중심은 발표자다. 프레젠테이션이 전쟁에서 승리의 발판으로 작용할 수 있을지 없을지는 발표자에게 달렸다. 그리고 승리의 영광도 패배의 책임도 발표자에게 있다. 프레젠테이션에 관한 모든 진두 지휘권을 발표자가 가져야 하는 이유다. 병사가 아닌 장수의 심정, 즉 뛰어난 리더십을 발휘해야 승리하는 발표를 할 수 있다.

04

고수들은
무엇이, 어떻게 다른가?

어떤 사람이 프레젠테이션을 한다고 하면 '발표 내용이 궁금하고 재미있겠다!' 내지는 잘 해낼 것이라는 무한한 신뢰를 보내는 경우가 있는 반면, 어떤 사람은 '그저 그렇겠지', '뻔한 이야기 또 하겠지', '졸리겠지' 하고 생각하는 경우도 있다. 그 차이는 무엇인가? 고수는 도대체 어떤 사람인가? 프레젠테이션 고수가 등장하면 발표장의 청중들은 기대가 한층 높아지고 내용이 궁금해지며 어떻게 이야기가 전개될까 알고 싶은 마음에 경청할 준비를 하게 된다. 그런 사람이 주위에 있다면 그 사람은 프레젠테이션 고수다. 아래 내용을 통해 프레젠테이션 고수가 어떤 모습을 보이는지 살펴보자.

· 졸고 있던 사람들, 핸드폰 만지작거리던 청중들이 갑자기 집
  중을 한다. 한 명도 빠짐없이 발표자의 이야기에 쏙 빠져버
  린다.

· 이미 경쟁사로 99% 기울어 모두가 포기한 영업 기회에 최종
  프레젠테이션 한 번으로 판을 뒤집어버린다. 결국 승리한다.

· 찬반 양측의 공방이 팽팽한 사업 방식 결정에 관한 총회 선거
  에서 프레젠테이션 한 방으로 압도적인 승리를 거둔다.

· 절대로 필요 없고 설명을 들을 필요도 없다는 고객 앞에서 프
  레젠테이션 한 번으로 예상보다 큰 구매를 이끌어낸다.

· 회사의 사활과 조직의 생사를 건 투자유치 경쟁에서 월등한
  프레젠테이션으로 승리하고 동료들의 일자리를 지켜낸다.

· 전 세계의 기술 영업 전문가들 1,000여 명 앞에서 당당히 발
  표하여 투표 결과 1위로 등극한다. 그것도 2년 연속으로.

이 사례들은 어려운 경쟁상황에서 승리를 이끌어낸 프레젠테이
션 고수들이 직접 전해준 승리한 프레젠테이션의 내용이다. 이는 5
장에서 더욱 상세히 다룰 것이다. 그렇다면 고수들은 도대체 무엇이
다를까? 기본적으로 앞에서 설명한 장수의 5가지 요소, 즉 '도천지장
법'을 갖추고 있다. 그 외에도 각 사례의 주인공들에게 스스로 무엇
이 남다르다고 생각하는지 물었더니 다음과 같이 공통된 세 가지 능
력이라고 답했다.

1. **공감력**: "남들보다 제한된 정보 속에서 청중의 마음을 읽을 수 있는 것 같습니다."

2. **구성력**: "내용을 어떤 순서로 전개하면 효과적일지에 대한 시나리오 구성력이 뛰어난 것 같습니다."

3. **연출력**: "청중의 시선을 확 사로잡는 연출력이 남다른 것 같습니다."

우리도 마찬가지다. '발표를 잘한다'에서 '발표의 고수'로 넘어가기 위해서는 세 가지 능력이 뛰어나야 한다. 하나씩 왜 그런지 살펴보자.

공감력: 청중은 자신이 원하는 것이 무엇인지 모른다

수집된 정보를 바탕으로 무엇을 이야기할지 판단을 해야 한다. 여기서 작동하는 것이 바로 '공감력'이다. 같은 정보를 가지고도 '공감력'이 부족하면 올바른 판단을 할 수가 없다. 공감력이 떨어지는 사람들의 프레젠테이션을 많이 본다. 청중들 상당수가 졸거나 먼산을 보거나 핸드폰을 만지작거리는 모습이 보이면 공감력에 문제가 있는 발표자라 볼 수 있다. 그럼에도 청중의 반응은 아랑곳하지 않고 계속 자기 발표를 진행하는 경우라면 공감력이 떨어지는 발표자라고 확신할 수 있다.

공감력을 이야기할 때 고려시대 서희의 담판 사례가 종종 회자된다. 80만 대군을 이끌고 온 거란의 소손녕 장군의 진짜 의도를 서희는 어떻게 간파했을까? 그리고 말로써 어떻게 전쟁을 승리로 이끌었을까? 승리의 큰 이유는 주어진 정보를 바탕으로 상대가 원하는 것을 알아차릴 수 있었던 서희 장군의 탁월한 공감력 때문이다.

"청중이 듣고 싶어 하는 것을 어떻게 알 수 있습니까?"라는 질문을 많이 받는다. 아쉽게도 청중 자신도 무엇을 듣고 싶어 하는지 정확히 알지 못하는 경우가 대부분이다. 설사 청중이 구체적으로 표현하더라도 그것이 진정 원하는 것인지는 발표자가 파악해야 한다. 즉 청중 대부분의 자세는 "내가 뭘 원하는지 알아맞춰 나를 설득해 봐"라는 식이다. 따라서 발표자는 탁월한 공감능력으로 청중이 원하는 내용을 끄집어내어 설득할 방법을 찾아야 한다. 즉 공감력을 키워야 한다.

구성력: 청중을 계속 생각하게 해야 한다

설득은 결론을 바로 이야기하는 것이 아니다. 설득은 상대가 스스로 이해해서 스스로 원하는 결론에 도달하도록 이끌어주는 것이다. 그래야 튼튼하다. 따라서 전략적 시나리오의 구성이 필수적이다.

만약 청중이 원하는 것이 '사과'라는 것을 알아차렸다고 치자. 그렇다고 바로 "당신이 원하는 것은 사과입니다"라고 말하는 것은 위험하기 짝이 없다. "전혀, 아닙니다"라고 말하거나 "아닌데"라고 생각을 하는 순간 모든 것이 끝나버리기 때문이다. 차근차근 왜 청중이 사과를 필요로 하는지 논리적으로 생각하게 만들어야 한다. "몸이 피곤할 때에는 비타민 C가 큰 역할을 합니다. 피로를 풀어주고 피부도 매끈하게 가꾸어줍니다. 그래서 우리는 적절한 양의 비타민을 매일 섭취해 주어야 합니다. 그렇다면 비타민 C를 섭취하기 위해서 우리는 어떤 노력을 해야 할까요? 비타민 음료도 있고 영양제도 있겠지만 가장 쉽고 맛있고 건강에 좋은 것은 과일을 먹는 것입니다. 과일도 여러 가지가 있겠지만 지금 당장 손쉽게 구할 수 있는 것이 있습니다. 아주 싱싱하고 맛있는 바로 이 사과입니다. 한번 드셔보시지요"라는 식으로 청중 스스로가 발표자의 말을 쫓아 생각하게 만들어 스스로 그 결론에 이르도록 해야 설득에 성공할 수 있다.

청중이 원하는 것이 무엇인지 알고 있고, 내가 말하고자 하는 것이 정해져 있다 하더라도 전략적으로 시나리오를 구성하지 않으면 설득에 실패할 확률이 높다. 다양한 환경과 순간순간의 변화 속에서 발표자는 전략적으로 시나리오를 작성할 수 있어야 한다.

연출력: 승리하는 프레젠테이션의 완성은 연출력이다

프레젠테이션을 완성하는 것은 발표력이 아닌 연출력이다. 슬픈

발라드 노래를 부를 때와 즐거운 댄스 노래를 부를 때 가수의 연출은 달라야 한다. 즉 표정, 옷차림, 무대 디자인, 백댄서 등 모든 것이 최적으로 맞추어져야 최고의 곡을 노래할 수 있다. 프레젠테이션도 마찬가지다. 완성된 시나리오에 적합한 연출을 해야 한다.

서희의 담판을 다시 살펴보면 처음 만난 자리의 기선제압이 볼만하다. "신하의 예를 갖추어 큰절을 올리라!"는 거란 소손녕의 요구에 "왕의 사신이 어찌 일개 장군 앞에 큰절을 올리겠는가?"라며 당차게 거절한다. 서희 장군이 단지 용맹해서일까? 물론 그렇기도 하겠지만 용맹함을 넘어 시나리오에 맞는 대범한 배역 설정으로 연출을 했기 때문이다. 일단 '기선제압'을 한 서희는 '달래는 모드'로 바꾸었다. 시나리오가 만약 방어 모드였다면 서희의 대응방식은 완전히 달랐을 것이다. 설득은 논리로 하는 것이 아니다. 감성을 다루는 아주 어려운 작업이다. 그러기 위해서는 감성과 논리를 전개할 뛰어난 연출력이 필요하다.

내로라하는 프레젠테이션 고수들을 만나 공통점을 찾아보았다. 그리고 세 가지 결론을 내렸다. 탁월한 공감력, 전략적 구성력, 그리고 뛰어난 연출력이다. 2장, 3장, 4장에서 각각의 능력을 키우기 위한 방법을 세부적으로 살펴보겠다.

05

고수가 되는
세 가지 습관을 활용하라

공감력, 구성력, 연출력 이외에 고수들의 습관을 살펴보면 재미있다. "프레젠테이션을 잘하는 것은 타고난 거 아닌가요?"라는 질문을 간혹 받는다. 그러면 나는 "그럴 수도 있고 아닐 수도 있습니다"라고 답을 한다. 타고난 능력은 분명히 있을 것이다. 듣기 좋은 말투, 성격, 무대 체질 등 누가 봐도 '타고났다'라고 말할 수 있는 경우가 많다. 그럼 어찌할 것인가? 타고나지 않았다고 포기할 것인가?

희망적인 것은 코칭을 통해 발표자들의 스킬이 향상되는 것을 많이 보아왔다는 점이다. 코칭을 해달라던 수많은 사람들, 그중에 이제는 고수라고 인정받을 만한 몇몇 후배들을 보면서 그들의 피땀 어린 노력을 떠올려본다. 한 번의 발표자료를 수십 번, 수백 번 연습했던 기억들, 발표 중의 웃음, 유머, 제스처 등을 익히기 위한 수많은 연습들, 귀찮아하는 친구나 가족에게 "내 발표 좀 들어봐줘"라고 졸려 하는 사람들을 앞에 두고 리허설했던 기억들, 불 꺼진 사무실에 혼자서 수많은 청중을 상상하며 연습했던 기억들이 현재 고수의 경지에 이른 사람들의 모습과 겹쳐진다. 그리고 그런 노력들은 틀림없이 성과를 보였다.

다만 열심히 하는 것보다는 잘해야 한다. 그러기 위해서는 올바른 방법, 또는 자신의 스타일에 적합한 발표 스타일을 배우고 연습해 나가는 것이 필요하다. 앞서 말한 바와 같이 프레젠테이션 자체가 직업인 사람은 없을 것이다. 어떤 기회가 올 때 주로 프레젠테이션을 접하게 되고 그때서야 부랴부랴 연습을 하거나 코칭을 부탁하는 것이 대부분이다. 반대로 프레젠테이션의 고수들은 언제나 연습하고 준비한다. 여기서는 인터뷰를 통해 얻은 고수들의 세 가지 공통된 습관에 대해 나열한다. 어렵지 않은 습관이니 따라해 보기 바란다.

홈쇼핑을 보며 "날 한번 설득해 봐"

"내가 좋아하는 프로그램은 TV 홈쇼핑입니다. 그 안에 답이 다 있습니다. 최고의 전문가들이 주어진 문제를 해결하기 위해 전략적으로 만든 프로그램이니까요. 우선 소파에 앉아 적절한 홈쇼핑 프로그램을 찾습니다. 그리고 이렇게 다짐하죠. '날 한번 설득해 봐! 설득되면 살게'."

코칭에서도 강조하지만 발표 고수들이 공통적으로 재미있게 보는 프로그램은 TV 홈쇼핑이다. "날 한번 설득해 봐" 하는 심정으로 보길 권한다. 단 단순한 구매자의 입장에서 보면 안 되고, 발표자의 입장에서 분석해 보면 큰 도움이 된다. 아래 내용은 코칭에서 사용하는 예다. 코칭 과정에 참가한 사람마다 분석결과는 다양하다. 주어진 환경이 다르기 때문이며 각자의 발표 스타일이 다르기 때문이다. 지금 TV 앞에 앉아 자신은 어떻게 분석하는지 실험해 보기를 바란다.

최신 에어컨 판매에 대한 홈쇼핑 시청 시 작성한 내용의 예

1. **도입부: 어떻게 공감을 얻는가?**

   A. 애들이 덥다고 보챔

   B. 더운 날씨에 전기세 때문에 에어컨을 맘대로 못 켜는 가족 연출

2. **본론: 공감이 된 청중을 어떻게 결정 단계로 유도하는가?**

   A. 시원한 에어컨을 맘대로 켤 수 있는 에너지 절약형

   B. 넓은 공간에 대한 탁월한 냉방 기능

   C. 최첨단 기능(인터넷 연결 기능, 보이스 명령 기능, 공기청정 기능 등)

3. **결론: 설득된 청중을 어떻게 실행 단계로 유도하는가?**

   A. 프로모션 내용 강조: "백화점보다 20% 싸다."

   B. 불안감 조성: "지금 안 사면 후회한다."

다른 발표자를 평가하는 습관

　다른 사람의 발표를 평가하는 것은 자신을 돌아볼 수 있는 좋은 습관이다. 사회생활을 하다보면 발표를 하는 경우도 많지만 다른 사람의 발표를 들을 기회 또한 상당히 많다. 지겹다 생각하는 것보다는 적극적으로 발표자를 분석, 평가하는 자세로 바라보면 재미있다.

　예비군 훈련에 참석하면 많은 발표가 이루어지는데 예비군들은 아마도 세상에서 가장 어려운 청중일 것이다. 그런 청중을 대상으로 발표하는 여러 강사들을 보고 있으면 대단하다는 생각이 든다. 많은 아이디어를 볼 수 있고 기발한 관심 유도 방법들이 동원된다. 그래서 예비군 훈련은 나에게는 그다지 지겹지 않은 과정이었던 것 같다.

다른 발표자를 분석할 때는 홈쇼핑을 볼 때와 같이 평가기준을 갖고 살펴본다. 청중과 공감을 연결하는 시도를 어떻게 하였는지. 감성을 이끌어 논리적으로 어떻게 전개하는지. 마지막 결정 및 행동 유도를 위해 발표에서는 어떤 마지막 멘트를 하였는지 등을 생각해 본다. 특히 발표자 말고도 청중의 태도를 관찰할 필요가 있다. 발표자의 어떤 부분에 흥미로워하는지, 즐거워하는지, 지루해하는지를 살펴본다. 또한 정해진 시간을 준수하였는지도 평가의 핵심 포인트다. 이런 식으로 발표를 잘했는지 못했는지에 관한 기준을 가지고 나름대로 평가를 해보는 습관이 필요하다. 그 발표자를 위한 것이 아닌 나를 돌아보기 위한 것이다.

멋진 이론 및 말을 기억하는 습관

많은 독서는 발표에 큰 도움이 된다. 설득은 논리가 아닌 감성적 접근이 필요하기 때문에 인문학적 지식은 반드시 필요하다. 최신 뉴스 등 트렌디한 것들도 필요하지만 무엇보다 멋진 말들, 명언이나 이론 들은 꼭 기억해 두는 습관을 들인다. 고수들은 주로 문서로 기록해 둔다. 나중에 자신의 주장을 뒷받침해 줄 적절한 명언을 찾아서 활용하기 위해서다. 먼저 주장하는 내용을 적고 거기에 맞는 명언을 찾아보는 것이 팁이다.

고수가 되기 위한 세 가지 습관을 살펴보았다. 어렵지 않은 내용이니 습관화시키면 좋을 것이다. 이는 또한 발표는 물론 토론, 회의 등 사회생활에서 이루어지는 여러 대화의 장에서도 활용도가 높을 것이다. 무엇보다도 일상에서 조금만 더 신경을 쓰고 다른 사람의 프레젠테이션을 살펴보는 습관을 가지면 자연스럽게 프레젠테이션 실력도 향상될 것이다.

06

유형을 알면
대비할 수 있다

프레젠테이션을 전문적으로 준비하려면 먼저 내가 하려는 프레젠테이션이 어떤 유형인지 구분할 수 있어야 한다. 대부분이 프레젠테이션 하면 떠오르는 것은 발표자가 슬라이드를 만들어 청중 앞에서 이야기하는 모습이 전부다. 그러나 프레젠테이션에는 다양한 유형이 존재하고 그 유형에 따라 파악해야 할 정보, 내용의 깊이, 발표자의 자세, 유머 코드, 시나리오, 연출기법 등 모든 것이 달라지기 때문에 반드시 내가 해야 할 프레젠테이션이 어떤 유형인지 파악한 후에 준비해야 한다.

프레젠테이션의 유형은 내용에 따라 네 가지, 형식에 따라 세 가지로 나뉜다.

내용에 따른 분류

1. 영업 프레젠테이션

가장 경쟁이 치열한 프레젠테이션이다. 특정 고객이 있고 경쟁사가 존재하며 우리 회사 또는 우리 조직의 솔루션이 채택될 수 있도록 청중을 설득하기 위한 프레젠테이션이다. 수주 프레젠테이션이라고도 한다. 주로 특정 고객사를 방문하여 고객사의 심사위원 또는 평가자들 앞에서 경쟁사와 순차적으로 발표를 진행한다. 경쟁사는 표면적으로 드러나 있을 수도 있고 잠재적으로 존재할 수도 있다.

2. 평가 프레젠테이션

특정 주제에 대해 여러 명의 발표자가 순차적으로 발표를 진행하고 심사위원단이 채점하여 순위를 결정하는 방식이다. 취업 면접 프레젠테이션 같은 경우가 여기에 속하고, 회사 조직 내에서의 특정 주제에 관한 연구 발표도 여기에 속한다. 조직의 프레젠테이션 능력 향상을 위한 경쟁 이벤트도 있다.

3. 보고 프레젠테이션

실적 보고, 경과 보고 등 일반적으로 조직 내에서 하급자가 상급자에게 업무에 대한 보고를 진행하는 유형이다. 분기실적 보고, 영업 판매량 보고 등이 이에 속한다. 때로는 상급자가 하급자에게 업무의 방향성에 대해 진행하기도 한다.

4. 대중 프레젠테이션

규모가 큰 이벤트 성격의 프레젠테이션으로 다수의 다양한 청중이 참여한다. 발표자는 주로 이벤트의 주제에 대해 발표하는 기조연설을 하거나 주제에서 세분화된 특정 영역의 발표를 맡게 된다. 대중연설 등이 이에 속한다.

형식에 따른 분류

1. 단독 프레젠테이션

가장 일반적인 방식으로 혼자서 특정 주제를 가지고 발표하는 방식이다.

2. 복수 프레젠테이션

두 명 이상이 동시에 발표하는 경우다. 주제에 대해 하나 이상의 전문 분야가 존재하고, 각 발표자의 전문성이 필요한 경우 활용한다. 홈쇼핑에서 쇼호스트와 특정 제품의 진문가가 함께 진행하는 것이 이 유형에 속한다.

3. 단체 프레젠테이션

큰 주제를 가지고 여러 명의 발표자가 순차적으로 세션을 진행해 나가는 방식이다. 발표자가 3인 이상인 경우가 많으며, 각 세션은 하나의 통합된 어젠더의 세분화된 하위 세션으로 구성된다. 사회자가 진행을 돕는 것이 효과적이다.

그렇다면 우리에게 익숙한 프레젠테이션들이 각각 어떤 유형에 속하는지 살펴보자.

1. **평창 동계올림픽 유치를 위한 김연아의 프레젠테이션**: 경쟁자가 존재하고 심사위원단이 투표를 하는 형태로, 내용적으로 영업 프레젠테이션에 속한다. 당시 총 9건의 발표가 진행되었으며, 각 발표가 통합적으로 기승전결의 구조로 순차적으로 이루어졌다. 그중 김연아는 5번째 발표를 맡았다. 여러 발표자가 하나의 통합된 주제를 가지고 순차적으로 발표하였기 때문에 단체 프레젠테이션에 해당된다. 당시 나승연 대변인이 사회자 역할을 했다.

2. **스티브 잡스의 iPhone 출시 프레젠테이션**: 실재적인 경쟁자가 존재하고 마케팅적 요소가 가미된 영업 프레젠테이션에 해당된다. 물론 혼자 발표하였으므로 단독 프레젠테이션으로 볼 수 있다.

3. **TED에서의 프레젠테이션**: 발표자가 정한 주제로 다수의 일반 청중을 대상으로 진행하는 대중 프레젠테이션에 속한다.

4. **홈 쇼핑에서 진행되는 프레젠테이션**: 경쟁자가 존재하고 청중은 일반 시청자이긴 하지만 잠재적 고객이며 평가자의 역할을 한다. 따라서 영업 프레젠

테이션에 속한다. 형식적으로는 혼자 하는 경우가 없고 주로 전문가와 함께 진행하는 복수 프레젠테이션이다.

위 사례들의 발표자의 모습을 머리 속으로 떠올려보자. 김연아, 스티브 잡스, TED, 홈쇼핑! 전혀 다른 분야의 사람들이다. 김연아는 팀플레이에, 스티브 잡스는 영업 및 마케팅에, TED는 감동에, 홈쇼핑은 구매결정에 초점을 맞추어 각각의 유형별로 대처하고 있다.

이와 같이 유형에 따라 발표자가 표현해야 하는 모습은 굉장히 달라진다. 유형에 따라 발표자가 준비해야 할 모든 것이 다르다. 따라서 발표자는 반드시 자신의 프레젠테이션 유형이 어디에 속하는지 우선적으로 알고 난 다음 준비를 해야 한다.

프레젠테이션의 포석, 공감력
- 어떻게 청중의 진심을 읽을 것인가?

01

공감을 해야
설득이 된다

위대한 창작을 위해서는 탁월한 공감력이 뒷받침되어야 한다. 소설가는 소설 속의 주인공이 되어야 하고, 음악가는 자신의 음악에 몰입해 스스로 감동을 느껴야 하며, 미술가는 대상과 혼연일체가 되어야 한다. 또한 배우는 극중 인물의 삶 속으로 들어가 보아야 한다. 그래야만 모든 이가 공감할 수 있는 작품이 탄생한다. 프레젠테이션의 승리도 바로 이 공감에서 시작된다.

전설적인 선배 한 분이 있었다. 까칠한 부장님에게 보고 발표를 하면 다른 사람들은 늘 한 시간 이상 깨져 시무룩해 부장실에서 나오는데 유독 그 선배에 대해서는 늘 칭찬으로 이어졌다. 그리고 부장님은 그 선배처럼 발표하라고 팀원 전체에게 으름장을 놓기 일

쑤였다.

"선배님, 도대체 비법이 뭔가요?"

"간단해. 부장님이 듣고 싶어 하는 말만 정리해서 발표하면 돼."

"그게 무슨 비법이라고, 그러지 말고 가르쳐주세요. 듣고 싶어 하는 말을 어떻게 아시는지?"

"글쎄, 감으로 아는 거겠지."

이 선배는 모든 사람이 질 것이라는 영업 경쟁 상황에서 기가 막힌 프레젠테이션 한방으로 역전의 드라마를 쓴 장본인이며, 후배들에게 수많은 영웅담을 남긴 나의 존경하는 스승님이기도 했다.

"부장님은 매일 말과 행동으로 이야기하고 있어. 많은 정보를 보여주고 계시지. 그 정보를 가지고 부장님 입장이 되어 보는 거야. 그리고 감으로 나의 설득 방향을 결정해. 그런 다음 시선을 마치 영화 촬영의 크레인 카메라처럼 위로 올려 부장님 앞에서 발표하는 나를 바라보면 어떻게 설득할지가 나와."

정보의 수집 ➡ 공감 ➡ 직관적 판단 ➡ 객관적 관찰

이것이 상대와 나의 감정을 연결하는 순서, 즉 '공감 프로세스'다. '공감 프로세스'의 각 단계를 살펴보자.

정보의 수집

정보의 종류는 다양할수록 좋다. 또한 양보다는 정보의 질이 중요하다. 발표자는 발표 내용 작성에 앞서 사전에 정확한 정보를 얻기 위해 최대한 노력해야 한다. 정보 수집의 효과적인 방법은 다음 글에서 상세히 다루도록 하고 여기서는 파악해야 할 정보의 유형을 알아보기로 한다.

1. 목적

청중의 목적이다. 만약 취업박람회에서의 대중 프레젠테이션이라면 간단하게 목적이 '취업'인 것을 쉽게 알 수 있다. 그러나 영업 프레젠테이션이라면 고객 또는 고객사의 목적을 파악해야 한다. 보고 프레젠테이션이라면 보고를 받는 사람의 목적을 알아야 하고, 평가 프레젠테이션이라면 그 이벤트의 심사 기준을 알아야 한다.

2. 사람

사람의 성향을 파악해야 한다. 주로 네 가지 성향으로 나뉜다. 혁신형, 추종형, 중립형, 보수형으로 사람의 성향을 나눌 수 있다. 그 외에도 청중의 취미, 관심사 등 사람을 파악할 수 있는 다양한 정보가 필요하다. SNS를 활용해 그 사람의 취미나 성향을 파악하기도 한다.

3. 환경

청중이 속해 있는 환경에 대한 정보가 필요하다. 예를 들어 취업 박람회에서의 대중 프레젠테이션이라면 현재 취업 현황에 대한 조사가 필요하다. 어떤 분야가 인기가 좋은지, 뜨고 있는 직종은 무엇인지. 취업률이 어떤지 등 구직자인 청중이 처한 환경과 경향을 파악해야 한다. 영업 프레젠테이션이라면 고객이 처한 비즈니스 환경을 조사해야 한다. 고객의 경쟁 상황, 고객의 문제점 등을 파악해야한다.

4. 경쟁

경쟁자 또는 경쟁사의 제품에 대한 정보를 파악해야 한다. 흔히들 대중 프레젠테이션이나 보고 프레젠테이션의 경우 경쟁자가 없다고 생각하는데, 앞서 말한 바와 같이 모든 프레젠테이션은 경쟁이다. 나와 유사한 주제의 발표를 하는 누군가가 분명 존재하고, 그 사람이 나의 경쟁자가 된다. 경쟁자 분석 시 방어적인 생각으로 잘못된 판단을 하기 쉬운데 냉정하고 객관적으로 경쟁자를 파악해야 한다. 나보다 월등하다고 해서 걱정할 필요는 없다. 거기에 맞게 전략을 짜면 되니까 말이다.

5. 우리

나 또는 우리에 대한 정보를 파악한다. 우선 청중이 목적을 달성하는 데 나의 주장이 부합하는지 파악한다. 제품이라면 장단점을 객관적으로 생각해 보아야 한다. 경쟁사의 장단점과 비교하는 일도 당연히 필요하다. 경쟁사와의 분석 기법에는 SWOT이라는 것이 있는데 이 책의 범위를 벗어나므로 생략한다. SWOT 기법은 이론 서적이 많으니 검색을 통해 숙지해 보기 바란다.

공감

　결정적으로 고수와 하수가 갈리는 부분이다. 주어진 정보를 바탕으로 청중의 입장으로 들어가보아야 하는데 말이 쉽지 매우 어려운 일이다. 같은 정보를 가지고도 판단이 다양한데, 그 이유는 바로 감정이입의 정도 차이에서 비롯된다. 예를 들어 노예의 삶을 역사적으로 서술하려 할 때 상상만 하는 사람과 직접 체험해 보는 사람은 연구적 질 차이가 엄청날 것이다. 실제로 역사학자 마이클 코헨은 탈출한 노예의 삶을 알기 위해 흑인 노예들이 했던 행동, 옷, 음식, 잠자리, 노동 등을 똑같이 해보았다. 탈출하던 노예의 심정을 알기 위해 작은 나무상자에 몸을 숨겨 며칠을 지내보기도 했다. 그래야만 제대로 알 수 있기 때문이었다.

　홈쇼핑 쇼호스트에게는 제품을 판매하기 이전에 상당한 기간 동안 고객의 입장에서 물건을 사용해 보는 것이 필수적인 과정이다.

고객의 입장에서 제품을 사용해 보아야 제대로 제품을 이해할 수 있기 때문이다. 그러고 나서야 비로소 고객을 설득할 논리가 떠오른다.

직관적 판단

현실적인 부분이며 역시 고수와 하수의 정도 차이가 발생한다. 발표자의 경험의 범위가 판단에 큰 영향을 미친다. 이론적으로 완벽히 상대방이 되어보는 것은 불가능하며, 현실적인 한계가 존재하기 때문에 정보의 분석과 어느 정도의 감정이입이 이루어지면 정답은 아닐지라도 몇 가지의 설득 방향이 떠오른다. 그때 바로 느낌, 감, 직관으로 어떤 설득 방향으로 나아갈지를 결정해야 한다. 그것이 정답일 수도 있고 아닐 수도 있다. 자신의 직관을 믿고 판단해야 한다.

객관적 관찰

자신이 결정한 설득 방향에 대한 검증이 필요하다. 상대방이 진짜 원하는 것이 나의 설득 방향과 일치하는지 확인할 수 있는 가장 확실한 방법은 무엇일까? 대부분 상대방에게 직접 물어보는 것이라 답한다. 그러면 좋겠지만 발표 전까지는 그렇게 하기가 힘들다. 또한 청중은 자신이 원하는 것을 정확히 알지 못하는 경우도 있다. 그런 경우에는 제3자에게 물어보는 편이 훨씬 정확하다. 나와 상대방을 객관적으로 볼 수 있기 때문이다.

그러나 제3자에게 모든 상황을 설명하기란 쉽지 않으므로 나를 제3자로 만드는 방법도 좋다. 이를 '워칭 기법'이라 한다. 시선을 마치 영화 촬영현장의 크레인 카메라처럼 위로 올려 청중과 발표하고 있는 나를 제3자의 입장에서 관찰한다. 청중들이 졸고 있는지, 고개를 끄덕이는지, 발표자인 내가 발표를 잘하고 있는지 등을 관찰한다. 놀랍게도 생각보다 효과가 크다. 눈을 감고 발표하는 자신의 모습과 그 발표를 듣고 있는 청중들의 모습을 진지하게 상상해 보기 바란다. 만약 청중이 졸고 있다면 공감 프로세스를 다시 시작한다.

"네 표정만 봐도 뭘 생각하는지 알겠다"는 사람이 있고, 같은 이야기를 들어도 도무지 무슨 말인지 해석하지 못하는 사람도 있다. 공감력의 차이다. 청중과 감성적으로 연결되지 않은 상태에서는 어떠한 논리로도 상대를 설득할 수가 없다. 마음을 열지 않기 때문이다. 마틴 루터 킹의 명연설은 'I have a dream!'이라는 굵고 큰 목소리로 시작된다. 그 신념에 찬 목소리와 진실해 보이는 표정에서 청중은 마음의 문을 활짝 열어버린다. 'I have a dream'에 무슨 논리가 있는가. 정확한 논리보다 공감이 우선이다.

02

알아야
공감할 수 있다

어느 중소기업 사장님으로부터 다음과 같이 난처한 부탁을 받은 적이 있다.

"박 선생님, 우리 회사 이 대리의 프레젠테이션이 엉망이라고 팀원들의 불만이 하늘을 찌릅니다. 한둘이 그런 것이 아니라서 무척 당혹스럽습니다. 이 친구 업무 분야는 사실 제가 잘 몰라서 그냥 믿고 맡기고 있는 상태라 판단이 서질 않습니다. 석 달간 개선하라는 지시를 줬는데 팀원들의 반응은 여전합니다. 마지막으로 박 선생님이 이 친구의 프레젠테이션이 정말로 문제가 있는지, 개선의 여지는 없는지 한번 몰래 오셔서 평가를 좀 부탁드립니다."

"만약 개선의 여지가 없다고 말씀드리면 어떻게 되는 건가요?"

"미안하지만 어떻게든 결정을 내리겠죠."

그 친구뿐 아니라 부탁한 사장님 그리고 나에게도 무척 어려운 자리가 마련되었다.

약 200여 명의 청중들이 모였고, 그 중소기업이 주최한 행사로 몇 가지 주제에 대해 발표가 이어지는 단체 프레젠테이션이 시작되었다. 나는 뒤쪽에 자리를 잡고 그 친구의 발표를 지켜보았다. 그런데 걱정과는 달리 발표는 순조롭게 진행되었고 발표 자세, 말투, 청중과의 컨택, 시나리오 전개 및 정리된 마무리 멘트도 그리 나쁘지 않았다. 또한 나에겐 생소한 분야라 그런지 내용 자체도 흥미로웠다. 분명 많은 노력을 했음에 틀림없어 보였다. 다음은 청중의 반응을 살폈다. 발표 중 청중들은 집중하지 않는 분위기가 역력했다. 좀 더 알아보기 위해 쉬는 시간 웅성거리는 청중들 말을 들어보았다.

"제대로 알고 말하는 건지 모르겠어."

"언제 적 이야기를 하는 거야?"

"내가 해도 저보단 잘하겠다."

실망과 비난 일색이었다. 아는 지인이 있어 도대체 왜 그렇게 비난을 하는지 물었다.

"행사 자체가 이 분야의 최신 기술 트렌드를 전달하는 자리인데, 발표자가 청중들의 수준을 못 쫓아가는 게 문제라고 봐요. 여기 오는 사람은 대부분 경험이 많은 전문가들이거든요. 그러니 마치 대학생 형님들 앞에서 중학생이 와서 말하는 느낌을 받는 거죠."

최종적으로 나는 이렇게 보고했다.

첫째, 프레젠테이션 발표 형식은 훌륭합니다.
둘째, 청중과의 공감이 매우 부족합니다.
결론, 개선의 여지가 있습니다.

공감이 되어야 설득이 되는데 공감을 하려면 정보를 파악해야 한다. 우선 정보 파악이 제대로 되지 않은 게 가장 큰 문제였다. 발표자인 이 대리를 조심스럽게 불러 파악한 정보에 대해 물어보았다.

· 목적: 애니메이션 모션 캡쳐 분야의 최신 기술 트렌드
· 청중: 전문가들
· 환경: …
· 경쟁: …
· 우리: 열심히 공부했습니다.

예상대로 알고 있는 정보가 매우 빈약했으며, 이런 상태에서 제대로 나올 수 있는 발표 시나리오는 자신이 열심히 공부해서 이해하는 것이다. 안타깝게도 이 대리는 프레젠테이션에 대한 비난을 받자 프레젠테이션 발표 형식의 개선에만 집중했던 것이다. 울먹이며 말하길 여러 권의 프레젠테이션 서적을 읽었고 자신의 발표를 점검하기

위해 거울 앞에서도 연습을 해보았고 발표 모습을 녹화해서 들어보기도 했다는 것이다. 나름 발표 능력을 높이기 위해 최선을 다했다고 한다. 정작 중요한 공감 프로세스 부분을 놓쳐버린 상태에서 말이다.

청중 중 지인이 있어 현장에서 간단히 파악한 정보는 이렇다.

- 목적: 애니메이션 모션 캡처 분야의 최신 기술 트렌드를 알고 싶어 함
- 청중: 전문가급 수준이 대부분
- 환경: 그간 많은 기법들이 소개되었으나 적용에는 어려움을 겪고 있음. 결과에 비해 많은 비용 및 시간이 소요됨. 새로운 솔루션을 찾고 있으나 마땅한 방법이 없어 대부분 수작업에 의존하고 있음. 경쟁제품이 있으나 이 회사의 솔루션에 대한 충성도가 상대적으로 큼
- 경쟁: A사, B사의 제품이 있으나 같은 문제를 가지고 있으며 조만간 각각 새로운 솔루션을 내놓을 예정으로 알고 있음
- 우리: 이 회사 제품의 경우 A사, B사와 비슷한 수준이나 연말에 새로운 기법이 도입되어 가장 고민하는 비용 및 시간 부분을 획기적으로 해결할 것으로 기대하고 있음

쉬는 시간을 이용한 짧은 시간 동안의 정보 파악이었지만 이 정도만으로도 발표 내용을 전략적으로 구성할 수 있다. 발표의 목적은 고객의 기대감 유발, 즉 딜레이 전략(연기 전략)이어야 하고 연출 기법은 비전문가가 전문가 앞에서 발표하는 방식을 사용해야 한다. 그런데 간단히 물어만 보아도 될 기본적인 정보에 대한 파악도 없이 그저 발표 자세에만 신경을 썼던 것이다.

이 대리에게 내가 파악한 정보를 정리해 주고 비전문가가 전문가 앞에서 발표할 때의 연출 방식도 알려주었다. 그러고 다시 시나리오를 구성해 보라고 했다. 훨씬 더 나은 시나리오가 나왔다. 그 후 몇 차례의 코칭으로 많은 부분에서 개선이 되었고, 다행이도 지금은 조직 내에서 훌륭한 역할을 수행하고 있다.

"알아야 공감할 수 있다"라는 명제를 "전문가만이 발표할 수 있다"로 오해하기 쉽다. 그것은 강의에 해당되는 것이지 프레젠테이션에 해당되는 것은 아니다. 홈쇼핑 쇼호스트가 모든 제품에 대해 기술적 전문가일리는 없지 않은가. 오히려 전문가들이 잘못된 프레젠테이션을 하는 경우가 많다. 나는 전문가이고 청중은 비전문가이니 전문적 지식을 전달해 주어야 한다는 의무감을 갖고 발표를 한다. 이를 '공감'과 반대되는 '아견'이라고 한다. '아견'으로 인해 프레젠테이션은 마치 강의 형태로 변질되어 버리는 경우가 종종 있다. 반대로 비전문가가 전문가 앞에서 발표할 때 오히려 성공적일 수 있다. 단 '공감 프로세스'를 제대로 작동시켜 청중의 마음을 열고 시작한다면 말이다. 결론적으로 어떠한 상황이건 성공적인 공감이 이루어지기 위해서는 정보 파악이 우선이다. '목적', '사람', '환경', '경쟁', '우리'에 대한 객관적 정보를 파악한 후에야 공감 프로세스가 진행된다. 정확한 정보를 어떻게 파악하는지 고수들의 비법을 이어서 살펴보도록 한다.

03

고수들은
어떤 정보를 파악하는가?

의사는 몇 가지 질문만으로 환자의 병을 대체로 정확히 예측한다. 판단은 많은 경험에서 비롯되겠지만 예측되는 병에 대한 질문 리스트는 정해져 있게 마련이다. 프레젠테이션 고수들 또한 각 유형에서 스스로 물어보는 자가 질문 리스트를 갖추고 있다.

일반적으로 고수들이 각 유형별 프레젠테이션에서 던지는 질문을 요약해 보자. 다음의 리스트를 참고하여 우선 자신이 발표할 프레젠테이션 유형을 판단하고, 리스트의 각 정보가 수집되어 있는지 진단해 보기 바란다. 또한 추가할 질문이 있다면 추가하면서 자기만의 질문 리스트를 만들어야 한다.

영업 프레젠테이션

정보 유형	영업 프레젠테이션 자가 질문	정보파악 여부(O, X)
목적	청중은 언제까지, 무엇을, 왜 결정해야 하는가?	
사람	의사 결정권자는 누구인가?(Decision Maker)	
	영향권자는 누구인가?(Influencer)	
	청중 중 아군/적군/중립은 몇 명이며 누구인가?	
	조직도는 확보되었는가?	
	정치적 관계도는 확보되었는가?	
	의사 결정권자의 성향은 어떠한가?(혁신, 추종, 중립, 보수)	
	영향권자의 성향은 어떠한가?(혁신, 추종, 중립, 보수)	
환경	이번 청중의 목표가 설정된 원인은 무엇인가?	
	현재의 업무 워크플로는 어떠한가?	
	현재 무엇이 문제인가?	
	그간 개선을 위해 어떤 노력을 했는가?	
경쟁	경쟁사는 어디인가?	
	경쟁사에 대한 청중의 평가는 현재 어떠한가?	
	경쟁사를 옹호하는 청중의 핵심적 이유는 무엇인가?	
	경쟁사의 발표자는 누구이며 성향은 어떠한가?	
	발표순서는 정해져 있는가?	
우리	우리는 고객의 목표 달성에 부합하는가?	
	현재 우리가 우세인가? 열세인가? 경합 중인가?	
	경쟁사 대비 우리의 장/단점 분석은 어떠한가?	
	우리만의 차별화 요소가 있는가?	

평가 프레젠테이션

정보 유형	평가 프레젠테이션 자가 질문	정보파악 여부(O,X)
목적	이번 평가의 목적은 무엇인가?	
사람	심사위원의 구성은 파악하였는가?	
	심사위원의 성향은 어떠한가?	
	심사위원 중 아군/적군/중립은 몇 명이며 누구인가?	
환경	평가 항목의 내용은 어떠한가?	
	각 항목의 배점은 어떠한가?	
	심사위원의 주 관심사는 무엇인가?	
경쟁	경쟁자는 누구인가?	
	경쟁자에 대한 청중의 평가는 현재 어떠한가?	
	경쟁자의 발표 내용은 어떨지 예상이 되는가?	
	나와 경쟁자의 발표순서는 정해져 있는가?	
우리	나만의 차별화 요소를 가지고 있는가?	
	심사위원의 관심을 끌 만한 내용이 있는가?	

보고 프레젠테이션

정보 유형	보고 프레젠테이션 자가 질문	정보파악 여부(O,X)
목적	피보고자가 기대하는 것은 무엇인가?	
사람	피보고자의 성향은 알고 있는가?	
	피보고자의 본 발표에 대한 주 관심사를 파악하였는가?	
	피보고자의 나의 의견에 대한 찬/반은 파악하였는가?	

환경	발표 시 나의 의견을 도와줄 아군/적군을 파악하였는가?	
	발표 전 의견을 개진하여 피보고자의 반응을 보았는가?	
	피보고자가 다음 보고자에게 보고 발표를 하는가?	
경쟁	나의 발표 전후로 다른 사람의 보고가 있는가?	
	다른 발표자에 대한 피보고자의 평가는 어떨지 파악하였는가?	
	다른 발표자의 내용이 어떨지 예상할 수 있는가?	
	다른 발표자의 피보고자의 반응이 예상되는가?	
우리	보고 내용과 관계 없이 긍정적으로 마무리할 준비가 되었는가?	
	피보고자가 다음 보고자에게 발표하기 쉽도록 준비할 수 있는가?	
	마지막 요구 사항은 준비가 되었는가?	

대중 프레젠테이션

정보 유형	대중 프레젠테이션 자가 질문	정보파악 여부(O,X)
목적	이번 프레젠테이션의 주제는 무엇인가?	
사람	청중의 규모는 얼마인가?	
	청중의 주 관심사는 무엇인가?	
	청중은 주제에 대해 전문가인가? 비전문가인가? 비율은?	
	청중들의 공통된 성향이 있는가?	
환경	주제에 대한 현재 시장의 상황은 파악하였는가?	
	주제에 대한 청중의 현재의 어려운 점을 도출하였는가?	
	주제에 대한 청중들의 그간의 노력을 파악하였는가?	

경쟁	전체 행사의 어젠더는 숙지하였는가?	
	나의 발표 앞뒤로 다른 사람의 발표가 있는가?	
	앞의 발표자의 주제와 겹치지 않는가?	
	앞의 발표자가 발표시간을 초과할 가능성이 있는가?	
우리	이번 프레젠테이션의 주제에 부합되는가?	
	전체 발표자 중 독특한 내용을 담을 수 있는가?	
	나는 다른 발표자보다 주제에 대해 전문가인가?	
	나는 청중보다 주제에 대해 전문가인가?	

'공감 프로세스'상에서 이 리스트는 한 번 작성으로 끝낼 게 아니라 계속해서 업그레이드를 해야 한다. 만약 'X'로 체크하였다면 'O'로 만들기 위해 모든 노력을 기울여야 한다. 상황이 천차만별이므로 각자 상황에 맞는 질문도 추가해 보기 바란다. 나만의 질문 리스트를 만들어야 한다. 그리고 리스트는 반드시 기억해 두어 언제든지 어떤 상황에 부딪치건 적절한 질문으로 정보를 파악해야 한다.

04

정보,
아는 만큼 보인다

선생님은 학생의 눈빛만 보아도 무슨 생각을 하고 있는지를 안다. 자동차 정비사는 차 소리만 들어도 어디가 문제인지 알아차린다. 이것이 어떻게 가능한가? 경험이 많기 때문이다. 프레젠테이션 고수들도 마찬가지다. 청중의 몇 가지 정보만으로 대체적으로 정확한 상황을 파악할 수 있다. 따라서 각 전문 분야에 맞는 경험을 쌓아야 함은 말할 것도 없다. 그럼에도 불구하고 정보 수집을 게을리 해서는 안 된다. 단 최소의 노력으로 최대의 정보를 얻어내는 방법을 활용할 필요가 있다. 앞에서 나열한 파악해야 할 정보의 내용인 '목적', '사람', '환경', '경쟁', '우리'에 관한 정보 파악 시 효과적으로 사용되는 세 가지 방법은 다음과 같다.

1. **유추하기**: 청중의 표정, 행동, 말, 몸짓으로 파악하는 방법이다.

2. **직접 물어보기**: 직접 물어보는 것이 가장 확실한 방법이다.

3. **유사 청중에 물어보기**: 직접 물어볼 수 없을 때 유사한 대상에게 물어보는 방법이다.

유추하기

주로 '사람'에 대한 정보를 얻을 때 사용한다. 영향권자Influencer, 즉 의사결정에 영향을 주는 사람을 어떻게 찾을 것인가? "이 조직의 영향권자는 누구인가요?"라고 물을 경우 답을 거의 들을 수도 없을 뿐더러 듣는 사람이 당황할 수 있다. 표면적으로 드러나 있는 있는 의사 결정권자Decision Maker와는 달리 영향권의 경우 조직의 공공연한 비밀일 수도 있기 때문이다. 이때는 눈치로 파악한다. 예를 들어 청중과의 사전 미팅이나 발표현장에서 의사 결정권자가 아래처럼 행동한다면 어렵지 않게 영향권자를 파악할 수 있다.

1. **미팅 시작 시 기다리는 그 사람**: "아. 아직 한 명이 안 왔네. 그 친구 오면 시작하시죠." (그 친구가 영향권자일 가능성이 크다.)

2. **주요 결정 시 쳐다보는 그 사람**: 의사 결정권자가 말을 하면서 누군가의 눈치를 살피며 동의를 구하는 표정을 짓는다면 그 사람이 영향권자일 가능성이

크다.

3. **주요 결정 시 의견을 직접적으로 묻는 대상**: "나는 좋은 것 같은데, 김 대리는 어떻게 생각하나?" (김 대리가 영향권자일 가능성이 크다.)

유추하기는 질문이 곤란할 경우 사람들이 표정, 행동 등으로 정보를 파악하는 방법이다. 그리고 간접적으로 질문을 할 수도 있는데 원하는 정보를 파악하기 위한 유도 질문의 방식이다.

예를 들어 보자. 사람들의 성향을 파악하고자 한다. 의사 결정권자가 스마트 시계를 차고 있다면 혁신형, 또는 추종형일 가능성이 높다. 반대로 폴더폰을 사용한다면 보수형일 가능성이 높다. 잘 모르겠다면 최신 정보에 대한 의견을 물어보면 성향을 바로 파악할 수 있다. "오늘 날씨가 참 덥네요. 이럴 땐 에어컨 켜놓고 한숨 자는 게 최고인데 말입니다. 참 요즘 나오는 에어컨들 기가 막히더라고요. 스마트폰 연결이 기본이더군요. 밖에서 미리 켜 시원하게 해놓고 들어가도 되고요, 카메라가 있어 여행 갈 때 집 안 상황도 스마트폰으로 볼 수 있어요. 정말 대단한 세상입니다."

1. **혁신형의 예**: "어디 에어컨뿐인가요? 냉장고, 세탁기, 로봇 청소기, 보일러까지 인터넷 연결이 안 되는 게 없어요."

2. **추종형의 예**: "아 알고 있습니다. 편해 보이던데요? 에어컨보다는 냉장고의 인터넷 연결도 참 편리할 것 같던데, 혹시 사용하고 계세요? 쓸 만한가요? 어

떤가요?"

3. **중립형의 예**: "그래요? 아직 많이들 쓰지는 않는 것 같던데요. 뭐 시간이 지
    나면 점점 많아지겠죠?"

4. **보수형의 예**: "시원하며 되지요 뭘. 에어컨에 인터넷은 뭐하러…."

청중과의 대화는 제한적이므로 파악하기 위한 정보에 맞추어 유
도질문을 미리 준비해 두는 것이 좋다. 명심할 것은 상대방을 감정
적으로 불편하게 할 가능성이 있는 질문은 해서는 안 된다. 예를 들
어 "요즘 여당(야당)의 행태를 보면 어처구니가 없습니다", "몇 일 전
에 골프를 치러 갔었는데 정말 좋았습니다", "요즘 불교 경전을 읽고
있는데 참 재미있습니다" 등 정치, 종교, 취미와 관련된 내용은 각별
히 조심해야 한다. 사람을 불편하게 만들 가능성이 있는 질문은 아
예 하지 않는 것이 좋다. 예의에도 어긋날 뿐더러 입을 닫아버리게
만들 수 있기 때문이다.

직접 물어보기

주로 목표, 환경, 경쟁에 관한 정보를 파악할 때 사용한다. 직접 물
어보는 게 가장 좋다. 그러나 대부분 직접 물어보는 게 익숙하지 않
아 주저하는 경우가 많다. 하지만 한번 해보면 그렇게 어렵지 않고

오히려 상대방도 편하게 생각할 수 있다. "바쁘시겠지만, 지금 프레젠테이션 준비를 하고 있는데 효과적으로 진행하기 위해 몇 가지 좀 여쭤봐도 될까요?"라는 공손한 말로 요청을 하면 대부분 큰 어려움 없이 진행할 수 있다. 단 질문을 취조하듯이 해서는 절대 안 된다. 어쨌거나 과감히 질문해 보기를 바란다. 장담컨대 "싫습니다" 하는 사람은 절대 없다.

"이 프로젝트의 최종 목표나 시기가 정해져 있나요?", "이 프로젝트가 지금 중요한 특별한 이유가 있을까요?", "혹시 예산규모는 얼마인지 말씀해 주실 수 있으신지요?", "혹시 지금 시급하게 해결해야 할 사항이 있나요?", "우리 회사 말고 다른 쪽 제품도 보고 있으신가요?", "우리 회사 제품에 대해서는 어떻게 생각하시나요?", "반드시 준비해야 할 내용이 있을까요?", "최종 결정은 어떻게 내려지나요?", "심사 기준을 혹시 말씀해 주실 수 있을까요?" 등 사실관계 확인을 위한 질문들은 직접 질문하는 것이 가장 빠르고 정확하다.

직접 물어보기에서 핵심은 발표자의 경험이다. 해당 분야에 대해 많이 알고 있다면 이어지는 세부 질문을 자연스럽게 연결할 수 있기 때문이다. 만약 운 좋게도 답변자가 '아군'이라면 상당히 자세한 고급정보까지 들을 수도 있다. 주저하지 말고 용기를 내어 인터뷰 요청을 해보기 바란다.

05

최종 결정은
감으로 한다

수집된 정보 중 가장 중요한 것은 프레젠테이션의 목적이다. 즉 '언제까지, 무엇을, 왜 결정해야 하는가?'가 핵심 정보다. 이를 '컴펠링 이벤트Compelling Event'라고 한다. 모든 프레젠테이션에는 컴펠링 이벤트가 있다. 절대 아무 목적 없이 프레젠테이션을 요청하지는 않는다. 프레젠테이션 코칭 중에 "이 프레젠테이션의 컴펠링 이벤트는 무엇인가요?"라는 질문에 "없습니다"라고 답하는 경우가 많다. 사실일까? 절대 아니다. 강도가 강한지 약한지의 문제일 뿐이지 컴펠링 이벤트는 반드시 존재한다.

그렇다면 컴펠링 이벤트가 무엇인지 예를 들어 살펴보자. 전자제품 매장을 방문해 에어컨을 구경하는 사람에게는 어떤 컴펠링 이벤트가 있을까?

'이번 주말에는(언제까지), 에어컨을(무엇을), 너무 더워서(왜) 구매를 하고자 한다'와 같이 행동 결정을 이끄는 요인이 있게 마련이다. 따라서 만약 컴펠링 이벤트를 파악하지 못한 채 프레젠테이션을 진행한다면 실패할 확률이 매우 크다. 에어컨을 사러 온 사람에게 청소기를 안내하고 있는 꼴일 수도 있다. 따라서 컴펠링 이벤트를 이해하고 분석하는 것이 승패의 관건이다.

컴펠링 이벤트의 정도와 강도

그러나 컴펠링 이벤트에는 '정도'와 '강도'의 문제가 있다.

정도의 문제란 '언제까지', '무엇을', '왜' 등 각 요소의 구체적 확정 정도를 말한다. 즉 각각의 요소가 얼마나 구체적으로 정해진 것인지를 살펴보아야 한다. 다음 각 요소의 구체적 확정 정도를 '상', '중', '하'로 표시해 보자.

1. 언제까지: "반드시 오늘 사야만 하나? 아니면 다음 주말에 사도 되는가?"

2. 무엇을: "꼭 에어컨이어야만 하나? 최신 선풍기도 시원하지 않을까?"

3. 왜: "너무 더워서? 더워서 죽을 것 같은가? 아직 견딜 만한데?"

강도의 문제란 컴펠링 이벤트 자체가 청중 스스로에게 '간절한 것인가?'라는 것을 표현할 수 있다. 사활을 걸고 추진하는 일인지, 아니면 해도 되고 안 해도 그만인 일인지를 살펴보아야 한다. 역시 '상', '중', '하'로 적어본다. 예를 들어 "회장님의 지시로 이번 10월 말까지 모든 사내 컴퓨터를 최신으로 교체해야 합니다"라는 컴펠링 이벤트는 강도가 '상'이다. 반면에 "최신 컴퓨터가 필요하긴 한데 연말 즈음 가봐서 예산이 남으면 생각해 보겠습니다"라는 것은 '하'다.

프레젠테이션의 최종 목적은 바로 '정도'와 '강도'를 구체화시키는 과정이라 할 수 있다. 에어컨 구매를 다시 예로 들어보자. 다음 표는 '이번 주말에(언제), 에어컨을(무엇을), 너무 더워서(왜) 구매하고자 함'의 정도와 강도를 도표화하여 기입한 것이다.

'언제까지'의 정도	'무엇을'의 정도	'왜'의 정도	강도
중	중	중	상
오늘은 구경만 하고 다음에 사도 될 것 같다.	에어컨이 좋긴 하나 전기세가 걱정된다. 냉방 선풍기도 있다던데?	몇 일 덥긴 했지만 아직 죽을 정도는 아니다.	작년에 너무 더웠던 기억이 있어 올해는 꼭 시원하게 보내고 싶다.

당신의 목표는 오늘!, 최신 에어컨을!, 판매하는 것이다. 어떻게 할 것인가? 프레젠테이션을 통해 각각을 '상'으로 높여줌으로써 설득의 확률을 높여야 한다. 무엇을 먼저 시작할 것인가? 청중이 '상'으로 잡

고 있는 것으로부터 시작하는 것이 효과적이다. 여기서는 유일하게 '상'으로 표시된 '작년에 너무 더웠던 기억'을 가지고 시작해 보자. 이를 토대로 '왜'의 정도를 '상'으로 올리는 것부터 시작한다.

- 왜: "곧 본격적인 무더위가 시작됩니다. 기억하시겠지만 작년에 정말 더웠죠. 올해는 100여 년 만에 가장 더울 것이라는 관측이 나오고 있습니다. 작년보다 더 더울 듯합니다. "
- 언제: "어차피 사실 거라면 오늘까지 특가 행사가 진행 중입니다. 내일부터는 가격이 원래대로 높아집니다. "
- 무엇: "기왕에 에어컨을 사시려면 절전형 최신 에어컨이 좋습니다. 기능, 가격, 성능 면에서 가전 명가 A사의 새 모델이 최적이고 인기가 좋습니다. 만족하실 겁니다."

이렇게 하여 각각의 요소를 '상', '상', '상', '상'으로 설득해 나가는 것이 프레젠테이션의 역할이다. 모두가 '상'이 되는 순간 게임은 승리로 끝난다.

컴펠링 이벤트 구체화하기

그러나 아쉽게도 실제 현장에서는 앞선 예와 같이 단순하고 명확한 경우는 드물다. 청중 스스로 구체적으로 생각하지 못하는 경우가 많기 때문이다. 우선 '왜' 부분은 현상적인 내용이 대부분이다. 숨은 이유와 원인을 모르는 경우도 많고 또 잘못 이해하고 있는 경우도 많다. 그러니 '무엇을' 부분도 명확하지 않다. 당연히 '언제까지'도 명확할 수가 없다. '하', '하', '하', '하'의 상태가 차라리 일반적이라고 하겠다. 여기 실제로 많이 보는 불명확한 컴펠링 이벤트를 살펴보자. 그야말로 "하하하" 웃음이 난다.

· 하반기 내로 불량률을 5%~10% 낮추기 위한 솔루션을 마련해야 함
· 10월경까지 생산성을 높일 수 있는 솔루션을 구체적으로 마련해야 함
· 올 겨울까지 아이티 커뮤니케이션IT Communication의 생산성을 높이고 관련 비용을 대폭 줄여야 함
· 최대한 빨리 3년 안에 시장 점유율 1위로 올라가기 위한 기술 혁신의 방안을 마련해야 함

말은 그럴 듯한데 자세히 살펴보면 모두가 불명확하다. 언제까지 무엇을 왜 하라는 것인가? 정해진 시한이 애매하기도 하고 대체로 연기되는 경우도 비일비재하다. 내용 또한 너무나 구체적이지 않은 경우가 많다. 이런 애매모호한 청중의 컴펠링 이벤트를 발표자가 구

체화시켜 주어야 한다. 그래서인지 대부분의 컴펠링 이벤트는 프레젠테이션이 진행되면서 구체화되는 경우가 많다.

반대로 명확하게 보이지만 애매한 경우도 있는데, 예를 들어 환자가 '머리가 아파서 두통약이 필요해요. 지금 당장'이라고 하는 경우와 비슷하다. 문제의 원인이나 솔루션을 청중이 직접 정해버리는 경우다. 아마 대부분의 발표자는 두통약을 가져다주고 끝낼 것이다. 청중은 그저 가격이 제일 싼 것을 선택할 여지가 크다. 이럴 경우에는 숨어 있는 진짜 컴펠링 이벤트를 찾는 일부터 시작해야 한다.

프레젠테이션 고수의 공감력의 가치는 이때 비로소 나타난다. 주어진 정보를 바탕으로 청중의 입장이 되어 상상을 진행해 나간다. 애매모호한 청중의 컴펠링 이벤트의 '정도'와 '강도'를 발표자가 '상', '상', '상', '상'으로 이끌어가야 한다. 청중들은 프레젠테이션 고수의 발표를 들으면서 그때서야 비로소 자신이 무엇을 원했는지를 알게 된다. 그리고 박수를 치며 이렇게 이야기한다. "딱, 우리가 원하는 것입니다!" 이는 매우 듣기 좋은 말이며 프레젠테이션이 성공했음을 의미한다. 마치 '청중은 스스로 진정 무엇을 원하는지를 모른다'라는 명제를 입증하기라도 하듯이 말이다. 진정한 청중의 컴펠링 이벤트를 알아맞추는 것이 프레젠테이션 고수의 능력이다.

최종 결정은 감으로 한다

'하하하하'를 '상상상상'으로 만들어가는 것이 승리하는 프레젠테이션이다. 제한된 정보 내에서 최적의 방향을 잡기 위해서는 공감력이 필수적이다. 그렇다면 어떻게 공감을 할 것인가? 그것은 바로 느낌, 감, 직관이다. 문득 떠오르는 것! 그것이 바로 고수들의 비법이다. 너무 비과학적인가? 아니다. 감은 경험에서 비롯된다. 아인슈타인은 그의 연구 성과들 중 상당 부분이 바로 감에서 비롯되었다고 고백한 적이 있다. 그리고 그 감을 수학적으로 증명했을 뿐이라는 것이다.

어디 아인슈타인뿐인가? 많은 위대한 과학자, 예술가, 문학가, 수학자들이 공통적으로 위대한 발견에서 '감'의 중요성에 대해 말한다. 19세기 수학자 앙리 푸앵카레는 "우리가 무언가를 증명할 때는 논리를 가지고 하나, 발견을 할 때는 직관을 가지고 한다"라고 말했다. 논리가 아닌 가슴으로 대상과 공감하기 때문에 문득 떠오르는 것이다. 여기 한 프레젠테이션 고수의 말을 들어보자.

"수집된 정보를 다 펼쳐놓고 그 안으로 깊이깊이 들어가 봅니다. 청중의 입장이 되어 계속해서 생각을 하다 보면 문득 청중이 진정으로 원하는 바를 느끼는 순간이 있습니다. 그리고 나의 프레젠테이션 방향을 결정합니다."

06

청중과 완전히
공감하면 망한다

공감이란 단어를 잘못 이해하기 쉽다. 사전적 의미는 '남의 의견이나 주장에 대해 자신도 그렇다고 느끼는 것'이다. 프레젠테이션에서의 공감은 다르게 정의해야 한다. '나의 주장을 설득하기 위해 남의 의견이나 주장을 이해하는 것'을 프레젠테이션에서의 공감이라 한다. 즉 상대방의 의견을 같이 하는 것이 아니라 이해하는 것이다.

몽고제국 초기의 일화를 소개한다. 칭기즈칸은 말을 달리며 육식을 하는 것을 모든 인간의 기본적인 생활방식으로 이해하고 있었다. 그의 입장에선 중국 대륙의 사람들이 저 보물 같은 넓을 땅에 말을 키우지 않고 곡식 따위를 키우는 것을 도무지 이해할 수가 없었다. 그래서 농토를 싹 쓸어버리고 중국대륙 초원화를 계획했다. 물론 거기에 대항하는 중국인에 대한 대학살 계획도 포함되었다. 이 계획을 말릴 사람은 없었다. 대부분이 칭기즈칸과 완전히 공감하고 있었기 때문이다. 이를 말린 사람은 몽골제국 초기 공신인 야율초재였다. 요나라 왕족 출신으로 많은 학식을 겸비한 야율초재의 입장에서는 말이 안 되는 소리였다. 어떻게 말릴 것인가?

"대학살은 인간의 도리에 어긋납니다"라고 말하지 않았다. 오히려 칭기즈칸의 입장으로 들어가 현실적인 방안을 제시하여 설득하였다.

"칸이시여, 사람들을 다 죽이는 것보다 그들로 하여금 '세금'을 거둔다면 우리에게 더 큰 이익이 될 것입니다."

당시 칭기즈칸에게는 매우 낯선 세금이라는 무기로 설득했다. 즉 청중인 칭키즈칸의 입장에서 이익의 관점을 '초원'에서 '세금'으로 바꾸어 설득에 성공한 것이다. 그 뒤로 점령지마다 벌어졌던 대학살은 멈추었고 몽고는 대제국으로 커나아갈 수 있었다.

우리가 배워야 하는 공감은 바로 이것이다. 그를 이해하되 그가 되어서는 안 된다. 그러면 설득을 할 수가 없다. 정신과 의사가 가장 경계하는 것이 이것이다. 베테랑 정신과 전문의 김동식 박사는 "환자의 상태에 대해 공감은 하되 환자 자체와 공감을 하면 망합니다. 치료를 할 수가 없지요. 다만 도저히 환자의 증상에 대해 이해가 되지 않을 때 완전 공감을 시도합니다. 아주 위험하기 때문에 주의 사람들에게 미리 말을 해둡니다"라고 말한다. 여기서 말하는 공감도 동일화가 아니라 이해함을 말한다.

한번은 큰 딜을 앞두고 팀원에게 2주간 고객사의 실무자들과 미팅을 하여 현재의 워크플로의 문제점을 파악해 오라고 지시했다. 고객사의 의사 결정권자와는 달리 실무자들은 보수적인 성향이라 업무 지시 후 약간 걱정이 되었다. 최종 발표를 앞두고 그간 조사한 내용과 개선할 점을 나에게 브리핑하는 시간이 있었다. 놀랍게도 그는 수집한 수많은 자료들을 하나씩 보여주며 개선할 것이 없다고 나를 설득하는 것이 아닌가? 고객사의 실무자들과 완전 공감이 되어버린 것이었다. 그를 이해시키는 데는 많은 시간이 걸렸다. 상대를 이해는 하되 상대가 되어서는 안 된다.

그렇다면 상대를 이해하는 능력, 즉 공감력을 높이려면 어떻게 해야 하는가?

높은 차원의 공감은 상대방이 처한 상황을 직접 경험해 보았을 때에만 가능하다. 초등학교 엄마들은 서로간의 상황을 쉽게 공감한다. 연인과 헤어진 사람을 위로할 수 있는 사람은 동일한 아픔을 경험한 사람이다. 애완동물을 키우는 사람끼리는 관련된 화제로 소통이 된다. 와인 동호회, 자전거 동호회, 골프 동호회, 야구 동호회, 문학 동호회 등 수많은 동호회가 존재하는 이유는 같은 경험을 공유하고 서로 공감하기 때문이다. 위대한 정치가들이 가난한 성장과정을 거친 경우를 많이 본다. 그들이 국민들과 소통할 수 있는 이유는 아마도 다양한 계층의 삶을 경험해 보았기 때문일 것이다. 즉 공감력은 경험에서 비롯된다.

따라서 '당신은 공감력이 높은 편인가요?'라는 질문은 잘못된 것이다. 정확히 질문하려면 '당신은 야구 마니아에 대해 공감력이 높은 편인가요?', '당신은 부하직원에 대해 공감력이 높은 편인가요?'와 같이 대상을 지목해 주어야 한다. 즉 당신에게 어떤 경험이 있는지 없는지 묻는 것과 같다.

'당신은 청중에 대해 공감력이 높은 편인가요?'라는 질문도 어떤 청중인지 설명되어야 정확한 질문이 될 것이다. '당신은 취업 박람회에 참가할 청중들에 대해 공감력이 높은 편인가요?'가 좀 더 정확할 것이다.

이 책을 읽는 당신은 각각의 전문 분야에 속해 있을 것이다. 설득을 위해선 각 전문 분야의 깊이에 대한 공감력과 사람에 대한 공감력 모두가 필요하다. 전자를 수직적 공감력, 후자를 수평적 공감력이라 한다. 수직적 공감력이 높을수록 설득을 잘한다고 생각할 수 있으나 오히려 수평적 공감력이 뛰어나야 설득을 잘할 수 있다. 간혹 전문적 식견이 높은 교수나 박사가 프레젠테이션을 엉망으로 하는 경우를 본다. 수평적 공감력이 부족한 경우다. 내가 만난 프레젠테이션 고수들의 공통점은 바로 이 수평적 공감력이 탁월했다. 각 전문 분야에 대한 지식을 갖추는 것도 필요하겠지만 사람에 대한 공감력을 높이는 것이 더욱더 중요하다.

안타깝게도 우리가 경험할 수 있는 영역에는 한계가 있고 청중의 취미도, 생각도, 환경도 모두 다른데 그런 다양한 청중들의 삶을 도 대체 어떻게 경험을 할 수 있을까? 고수들은 어떻게 그들의 삶을 체 험하고 공감할 수 있는가? 그래서 세 가지 공통점을 찾았다.

책벌레

'저 사람은 참 공감력이 높다'라고 느끼는 사람들을 자세히 관찰 해 보면 하나의 놀라운 공통점이 있다. 모두 책벌레다. 정확히 말하 면 책을 많이 읽기는 하는데 분야가 정해져 있지 않고 매우 다양하 다는 특징이 있다. 연애 소설, 철학, 역사, 경제, 판타지 소설, 에세 이, 종교서적, 자기 계발서, 재테크, 기술서적, 산업동향서적, 패션 잡지, 만화책 등 분야를 가리지 않고 늘 무언가를 읽고 있다.

언제 어디서 만나건 "요즘 읽고 있는 책은 무엇인가요?"라는 질문 에 즉각적으로 답이 나온다. 공감력을 높이기 위해 이런 방식으로 책을 읽는 것이라기보다는 오히려 그렇기 때문에 공감력이 높은 것 이라고 이해할 수 있다. 다양한 사람들의 삶의 모습, 생각, 이해관 계 등을 간접적으로 늘 체험하고 있기 때문에 공감력의 범위가 매 우 넓은 것이다. 지금 당장 주위에 공감력이 높다고 생각하는 사람 이 있다면 물어보라 "요즘 어떤 책을 보고 계신가요?" 틀림없이 즉 각 답을 들을 수 있을 것이다.

다양한 사람들과의 대화

일반적으로 우리는 나와 비슷한 사람과만 만나려는 경향이 있다. 같은 취미나, 관심사, 비슷한 성향, 유사한 생활환경의 사람들을 만나는 것은 나에게 편안함을 주며 즐거움을 선사하므로 너무나 당연한 일이다. 그러나 다양성의 체험이라는 측면에서는 적절하지 않다. 나와 삶의 모습이 다른 다양한 사람과 만나 다채로운 대화를 나누는 것은 공감력 향상에 도움이 될 뿐만 아니라 사고의 폭을 높이는 데에도 큰 도움이 된다.

그러기 위해서는 열린 마음이 필수적이다. 나와 다르므로 대화하기에 불편하다는 생각은 다양성 체험의 가장 큰 걸림돌이다. 특정 종교를 가진 사람이 자신과 종교가 같지 않으면 대화 자체를 거부하는 경우도 있다. 공감력이 떨어질 수밖에 없다. 선거 때가 되면 정치가들이 시장에 나가 막걸리건 순대국이건 서민 코스프레를 한다. 매우 어색한 사람이 있는가 하면 너무나 잘 어울리는 사람도 있다. 그들의 서민에 대한 공감의 진정성을 사람들이 알고 있기 때문이다.

워칭 기법

세 번째 공통점은 워칭 기법이다. 공감 프로세스를 다시 떠올려

보자.

정보의 수집 ➡ 공감 ➡ 직관적 판단 ➡ 객관적 관찰

　마지막 단계의 객관적 관찰의 기술적 방법이 워칭 기법이다. 제3자의 입장에서 자신과 청중을 바라보는 기법이다. 연인끼리 다투는 모습을 제3자의 입장에서 보면 어이없는 경우가 많다. 둘은 뭔가 심각한데 자세히 들어보면 별것 아닌 이유로 다투는 경우가 많다. 이때 당사자인 연인 중 한 사람이 기술적으로 제3자의 입장으로 자신과 연인을 바라다보면 즉시 객관적인 둘의 모습을 볼 수 있고 다툼은 곧바로 끝나게 된다. 이를 워칭 기법이라 한다.

　고수들은 자신이 결정한 방향성에 대한 검증을 바로 이 워칭 기법을 가지고 진행한다. 상상 속에 청중을 배치하고 그 앞에 자신이 발표자로 선 모습을 떠올린다. 그리고 그 발표자가 이야기하는 것을 제3자의 입장에서 바라본다. 청중의 반응도 살펴본다. 발표자와 청중이 서로 잘 소통하고 있는지, 청중은 발표의 주장에 설득이 되어 가는지 마치 연극을 보는 관객의 입장으로 떠올려본다. 그러면 내가 결정한 프레젠테이션의 방향성이 제대로 되었는지 객관적으로 파악할 수 있다.

　이는 생각보다 매우 효과적이며, 대부분의 고수들이 늘 연습하는 방식이다. 만약 상상 속의 청중이 설득되지 않거나 잠을 자고 있거나 반박하는 질문을 날린다면 다시 공감 프로세스의 앞 단계로 돌아가면 된다. 이런 프로세스를 반복하면 '정말 청중과의 공감력이 뛰어나십니다'라는 평을 듣게 될 것이다. 지금 바로 상상력을 동원해 워칭 기법을 수행해 보기 바란다.

공감력의 중요성과 공감력을 높이기 위한 방법을 살펴보았다. 청중의 입장이 되는 것이 아니라 청중을 설득하기 위해 그를 이해하는 것이 우리가 필요로 하는 공감력이다. 청중을 수직적으로, 수평적으로 이해는 하되 청중이 되어서는 안 된다.

3장

프레젠테이션의 전개, 구성력
- 최상의 시나리오를 어떻게 구성할 것인가?

01

끌고 다닐 것인가,
끌려다닐 것인가

경쟁에 익숙한 사람들이 있고 경쟁이 낯선 사람들이 있다. 경쟁에 익숙한 사람들은 수를 읽고 스스로 경기의 규칙을 창조해 낸다. 내가 만든 규칙이라 상대를 끌고 다닐 수도 있다. 상대는 어리둥절하게 그 규칙에 끌려다닐 수밖에 없다. 반대의 경우가 되어서는 절대 안 된다.

1592년 임진왜란 당시 해전에서의 게임의 규칙은 전투선끼리 만나 몇 방 대포를 쏘다가 적선에 올라타 칼싸움을 하는 것이었다. 왜군은 흔들리는 선체 위에서도 칼싸움 하나는 자신이 있었다. 일단 적선을 끌어당겨서 그 위로 올라타면 끝이었다. 그러나 이순신은 게임의 규칙을 바꾸어버렸다. 다가오기 전에 대포로 박살내 버리고 심지어 올라타지도 못하게 거북선에 쇠못을 박아버렸다. 이순신이 새롭게 만든 해전의 규칙이라 상대는 끌려다닐 수밖에 없었다.

게임 규칙을 바꾸어라

프레젠테이션에서도 정해진 규칙을 바꾸어버릴 수 있다. 전제조건은 청중의 컴펠링 이벤트Compelling Event를 정확히 아는 것이다. 실제 예를 들어보자.

대기업에 설계 소프트웨어를 판매하는 김지훈 부장은 가야기업으로부터 제안 요청을 받았다. 파악된 컴펠링 이벤트는 이랬다.

언제, 무엇을, 왜로 나누어 살펴보자. "1년 안에(언제까지) 최신 소프트웨어 도입을 위해(왜) 과거 20여만 장의 데이터를 최신 포맷으로 변환하고자 한다.(무엇을)" 이를 위한 가격과 시간을 제안하라는 내용을 여러 경쟁사에 요청한 상태였다. 비용과 시간이 제안의 핵심 내용일 텐데 어림잡아도 수십 명의 전문 인력이 투입되어 1년 이상 투자를 해야 하는 대규모 인력 프로젝트였다. 그야말로 인건비 싸움이 되어버렸다.

발표 당일 예상대로 두 경쟁사는 '비용게임'에 빠져 있었다. 상대보다 낮은 가격을 제안해야 했다. 반면 김지훈 부장은 컴플링 이벤트 자체를 바꾸어버렸다.

"지금 당장(언제까지), 가야기업의 경쟁력 향상을 위해(왜), 최신 소프트웨어를 도입하여야 한다.(무엇을)"

어떻게 가능한 일일까? 김 부장의 프레젠테이션은 "옛 데이터를 최신으로 바꾸지 마십시오!"로 시작했다. 목적은 경쟁력 향상이지 옛 데이터의 최신 데이터로의 변환 자체가 목적이어서는 안 된다고 주장했다. 아울러 유사기업에서 진행했던 이와 같은 프로젝트가 별 의미가 없음을 증명해 보였다. 차라리 그 비용으로 최신 소프트웨어를 우선적으로 도입하고 필요한 옛 데이터만 골라 그때그때 변환하는 것이 경쟁력 향상에 오히려 적합하다고 주장했다. 컴플링 이벤트 자체를 바꾸어버린 것이다. 아니, 청중이 원하는 것을 제대로 알게 해준 것이다.

논리정연한 주장에 청중은 설득되었고 김지훈 부장은 1년 뒤에나 있을 법한 판매를 즉각 실현할 수 있었다. 나머지 두 경쟁사의 경우 어렵게 준비했던 내용이 새로운 규칙에는 전혀 맞지 않는 의미 없는 발표가 되어버렸다. "게임의 규칙을 바꾸는 건 반칙 아닙니까?"라고 말할 수 있는 사람은 아무도 없었다. 원래 전쟁에는 규칙이 없는 법이니까 말이다.

이런 사례는 매우 많다. 단 컴펠링 이벤트를 정확히 파악한 후에야 규칙을 내 맘대로 바꿀 수 있다. 그러고 나면 경쟁자와 청중을 끌고 다닐 수 있다. 그래서 컴펠링 이벤트를 '마법의 방향 키'라 부른다. 이것을 제대로 알면 내 마음대로 판을 흔들 수 있다.

눈에 띄어야 한다

한편 청중은 김 부장이 없었다면 가격이 가장 싼 제안을 선택했을 것이다. 그들이 처음에 잡았던 계획을 바꿀 생각 자체를 하지 않았을 것이다. 그렇다면 청중은 왜 다른 생각을 하게 된 것일까? 눈에 띄었기 때문이다. 그리고 그 눈에 띔을 통해 자신들이 진정 무엇을 원하는지를 알게 되었다.

철학자 하이데거의 《존재와 시간》에서 '배려함Besorgen'이란 용어가 나온다. 반대되는 말은 '눈에 띔Aufallen'이다. '배려함'이란 특별하게 의식하지 않고 늘 있던 그대로의 어떤 대상과의 관계인 반면 '눈에 띔'이란 늘 있던 대상과의 친숙함이 갑자기 깨져 새로운 대상으로 인식하는 것을 의미한다. 여기서 핵심은 '인식하다'다. 사람은 익숙한 패턴이 깨졌을 때 빠르게 생각하기 시작한다. '생각을 한다' 함은 당황해서일 수도 있고 신선해서일 수도 있다. 예를 들어 늘 비슷한 패션을 유지하던 부장의 옷차림이 바뀌었을 때, 늘 그 자리에 있던 광고판이 바뀌었을 때, 늘 똑같은 머리 스타일을 하는 동료의 헤어 스타일이 달라졌을 때, 사람들은 그제서 생각하기 시작한다. 프레젠테이션에서도 너무나도 당연히 그렇게 진행될 것이라는 내용이 예상과는 전혀 다르게 진행될 때 사람들은 그제서 생각을 하고 그 시도는 눈에 띄게 된다.

직업상 프레젠테이션 심사를 할 경우가 많다. 하루 종일 앉아 동일 주제에 대해 같은 발표를 수없이 듣고 있자면 지겹기도 하고 생각이 흐리멍덩해진다. 누군가 앞에 나와 인사를 하는 순간부터 그 다음 내용은 이미 알고 있다. 그때 만약 전혀 다른 접근법으로 새로운 발표를 하는 사람이 나타난다면 당연히 심사위원들은 눈을 크게 뜬다. '배려함'에 자고 있던 두뇌는 그제서 '눈에 띔'을 맞이하여 신나게 생각하기 시작한다.

영업 프레젠테이션뿐만 아니라 모든 유형의 프레젠테이션에서 청중을 끌고 가기 위해서는 눈에 띄어야 한다. 눈에 띄는 가장 확실한 방법은 규칙을 바꾸는 것이다. 끌고 다닌다 함은 발표시간 내내 청중이 계속 나의 말을 들으며 생각하도록 만든다는 것을 의미한다. 중간에 졸지 않도록 하기 위해서는 예상하지 못한 다음 슬라이드를 보여주면 된다. 그래야 청중의 두뇌가 잠을 자지 않고 계속 생각을 한다.

생각의 끊김을 방지하기 위해 필요한 것은 역시 공감력이다. 프레젠테이션에 대해 청중이 어떤 것을 예상할지를 예상한다. 그리고 그 예상과는 다른 시나리오를 구성하면 끝이다. 말했듯이 이는 정확한 컴펠링 이벤트를 파악한 후에 시도해야 성공한다.

프레젠테이션에서 발표자의 제목을 보면 대충 어떤 내용일지 알 수가 있다. 저도 어떤 순서로 말을 할지 짐작할 수 있다. 예를 들어보자.

· "대한민국 청년 실업의 실태와 정부의 대책 방향"
· "상반기 A팀의 실적 보고 및 하반기 투자 방향"
· "가망 고객을 늘리기 위한 SNS를 활용한 마케팅 계획"

여기에 발표자의 성향을 알 경우 내용은 들어보지 않아도 뻔하다. 다음 슬라이드에서 어떤 내용을 말할지 청중은 마치 여러 번 본 영화처럼 다 알고 있다. 그러니 재미있을 턱이 없다. 그것을 고수들은 역으로 활용한다. 앞에 똑같은 지겨운 프레젠테이션을 몇 명의 누군가가 깔아준다면 그보다 고마울 수가 없다. 살짝만 바꾸어도 '눈에 띔'을 이끌어낼 수 있기 때문이다.

보고 프레젠테이션에서는 정해진 양식에 데이터를 입력해야 하는 경우가 많다. 여러 사람들의 데이터를 일목요연하게 볼 수 있도록 하기 위해 표준 발표 양식을 정해두기 때문이다. 그런데 마치 그것이 법으로 정한 것마냥 발표자도 청중도 그 양식을 그대로 사용해야 한다고 믿는 경향이 있다. 그럴 경우 출력해서 나눠주면 되지 발표는 무엇하러 하겠는가? 살짝 바꾸거나 추가 슬라이드를 넣거나 구성을 다르게 해도 아무도 처벌받지 않는다. 단 컴펠링 이벤트의 실현에 적합하게 구성하면 된다. 기업의 CEO를 대상으로 한 어느 설문조사에서 프레젠테이션에서 보지 않았으면 하는 1위는 바로 '표준적인 프레젠테이션'이다.

고수들에게 발표를 의뢰한 경우에는 어떤 내용을 준비해 올지 정말로 궁금해진다. 전혀 상상하지 못했던 내용들이 툭툭 튀어나오고 청중들은 눈을 크게 뜨고 집중하여 발표자와 연결이 된다. 일단 연결이 되었으니 경쟁자든 청중이든 끌고 다닐 수 있다.

전쟁의 규칙에 연연하지 마라. 어차피 규칙은 없으니까 말이다. 패턴을 깨고 '눈에 띄게' 시나리오를 구성해야 끌고 갈 수 있다. 절대로 끌려다녀서는 안 된다.

02

시나리오 구성의
기본을 알고 응용하라

전략의 구성은 판세를 읽는 데서부터 시작된다. 우리가 열세인지, 우세인지, 경합 중인지에 따라 강조할 내용과 전개 방식이 달라져야 한다. 공감을 통해 강조하려는 방향이 수립되었다면 시나리오를 어떻게 구성할 것인지 고민해야 한다. 그러기 위해선 시나리오 구성의 기본 내용부터 숙지해야 한다. 기본을 알아야 응용할 수 있지 않겠는가?

싸움의 대상

우선 싸움의 대상을 명확히 알아야 한다. 나의 프레젠테이션의 적은 누구인가? 영업 프레젠테이션에서는 당연히 경쟁사이며, 동시에 청중 중에 '적군'이 우리의 적이 된다. 청중 중 아군은 우리 편일 것이다. 보고 프레젠테이션의 경우 나와 유사한 발표를 하는 다른 발표자가 적이겠으나 이 경우 피보고자가 오히려 나의 적이 될 수 있다. 보고 프레젠테이션의 특성상 피보고자와의 협상의 개념이 크다. 대중 프레젠테이션의 경우 나의 앞뒤로 발표하는 사람이 1차적 경쟁자다. 그러나 이 경우 평가자가 매우 많으며 시장의 모든 잠재적 발표자가 나의 적이다. 평가 프레젠테이션의 경우는 당연히 나와 평가를 겨루는 발표자가 적이 될 것이다.

적이라는 표현이 좀 거칠게 느껴질 수 있다. 경쟁자, 싸움의 상대, 설득해야 할 대상이라고 생각해 주길 바란다. 어쨌거나 여기서는 적으로 표현하니 양해 바란다.

프레젠테이션 전략의 기본 유형

기본적인 네 가지 전략을 숙지하도록 한다.

1. 전면전략
우리가 앞서고 있을 때 구사하는 전략이다. 청중이 나의 주장 또는 제품에 우호적일 때, 즉 우리가 매우 강할 때 구사하는 전략이다.

강하게 밀어붙일 때 사용한다. 한 마디로 꿀릴 거 없을 때 멀찌감치 앞서가 버리는 전략이다.

2. 측면전략

직접적으로 경쟁자와 맞설 경우 불리할 때 사용한다. 생각하지 못한 측면을 공략하는 방법으로 잃어버렸던 주도권을 가져오고자 할 때 사용한다. 인천상륙작전을 떠올리면 되겠다.

3. 부분공략

승산이 없을 때 부분이라도 차지하고자 할 때 사용한다. 일단 발 담구어놓고 나중을 노린다. 지푸라기라도 잡고 있어야 다음에 기회가 생긴다.

4. 연기전략

우리가 질 것이 확실시될 때 경쟁자도 승리하지 못하도록 결정을 연기시키는 전략이다. 이른바 물타기 전략이다. 일단 미뤄두고 다음 전쟁을 노린다.

이 네 가지의 기본 전략을 가지고 상황에 따라 유기적으로 대응한다. 측면전략을 구사하다 성공하면 전면전략으로 빠르게 전환할 수도 있다. 전면전략을 구사하다 여의치 않으면 부분공략 또는 연기전략으로 빠르게 전환한다. 언제나 상황은 유동적이다. 현장에서 빠르게 대처해야 한다.

이와 함께 시나리오 전략을 어떻게 전개할지도 고려해야 한다. 전개를 두괄식으로 할지 미괄식으로 할지 결정할 때는 다음과 같은 장단점을 고려하여 선택하면 될 것이다.

1. **두괄식**: 핵심정보가 가장 앞에 오는 방식이다. 청중의 반응을 단번에 유도해야 할 때 사용한다. 최근에 가장 많이 사용하는 방식이다. 일단 청중의 시선을 잡아 연결을 한 후 끝까지 이어간다. 그러나 위험부담이 크다. 첫 페이지에서 청중의 호응이 없으면 전체 발표 내용의 설득력을 잃을 수 있다.
2. **미괄식**: 핵심 정보가 가장 마지막에 나타난다. 청중의 관심을 서서히 끌어올려 스스로 결론에 이르게 하는 방식이다. 위험요소는 청중의 생각을 끝까지 잡고 가야 하는데 중간에 관심이 없어질 경우 핵심정보 전달이 어려울 수 있다.

이렇게 전략을 구사할 때에는 굳게 닫힌 청중의 마음을 한순간에 열어버릴 수 있는 무엇인가를 제공해야 한다. 선택의 결정의 순간에 사람의 마음을 작동시키는 요소가 있고 이미 결정한 마음을 바꿀 때에도 킬링 포인트Killing Point가 있다. 물건을 구매할 때 망설이다가 갑자기 결정을 하게 되는 포인트를 누구나 겪어보았을 것이다. 이때 작용한 것이 바로 킬링 포인트다.

시나리오 전개 방식

시나리오를 전개하는 방식으로는 일반적으로 다음과 같은 것이 있다. 다음의 특징들을 고려하여 적절하게 활용하면 될 것이다.

1. 기승전결 방식

주로 대중 프레젠테이션이나 영업 프레젠테이션 중 단체 프레젠테이션에서 사용하는 방식이다. 청중의 시선을 서서히 잡아 관심을 고조시켜 공감을 이끌어낼 때 사용한다. 평창 올림픽의 대한민국 프레젠테이션이 이 경우에 속한다.

2. 서론, 본론, 결론 방식

일반적으로 가장 많이 사용하는 방식으로 빠른 전개와 핵심사항 전달에 유용하다. 영업 프레젠테이션, 보고 프레젠테이션, 평가 프레젠테이션에서 주로 사용한다.

3. 변증법적 방식

'이런 의견도 있고 저런 의견도 있는데 결국 결론은 이러하다'라는 식의 전개 방식이다. 청중 중에 적군이 많을 때 전략적으로 사용한다.

전달력을 높이는 기술

시나리오의 전달력을 높이는 데에도 기술이 필요하다. 여기에 사용하는 기술로는 다음과 같은 것이 있다.

1. 시나리오의 경제성

모두가 바쁜 세상이다. 중언부언 길게 끄는 것은 프레젠테이션을 망치는 지름길이다. 짧게 핵심만 전달하고 끝낸다. 프레젠테이션 시간은 20분에서 40분 정도가 적절하다. 간혹 전달하고 싶은 내용이 많아 주어진 시간을 초과하는 발표자들을 본다. 청중은 이미 연결을 끊어버린 상태인데 끝날 듯 끝날 듯 다시 시작하는 것은 하수 중의 하수다. 발표 전 불필요한 내용은 제거하고 꼭 필요한 것만 슬라이드에 담는다. 이를 시나리오의 경제성이라 한다.

2. 빠른 전개

'서론이 너무 길다'라는 말이 있다. 프레젠테이션에서는 스피드가 생명이다. 어떤 형식으로 구성을 하건 흐름은 빨라야 한다. 말을 빠르게 하라거나 슬라이드 수를 줄이라는 이야기는 아니다. 이야기의 흐름이 지루하지 않도록 빨라야 한다는 것이다. 영화는 다 끝나가는데 아직도 서론이 이어지면 재미있겠는가? 이는 슬라이드의 장수와는 관계가 없다. 1장에 담은 내용이 너무 길면 안 된다. 1장의 슬라이드에는 하나에서 세 개의 주장만 포함하도록 한다.

3. 딱 세 가지

3이라는 숫자는 가장 안정적이며 청중에게 부담 없는 숫자다. 딱 세 가지만 말해야 한다. 왜 그런지 아래 예를 통해 바로 알 수가 있다. 스티브 잡스는 스탠포드 졸업식에서 한 명연설의 서두에서 이렇게 이야기했다. "Today I want to tell you three stories from my life 오늘, 내 인생의 세 가지 이야기를 하고자 합니다."

만약 "오늘, 내 인생의 10가지 이야기를 하고자 합니다"라고 한다면 집중할 수 있겠는가? 청중은 곧바로 암기해야 한다는 강박관념이 생기고 대부분 경청을 포기해 버린다. 아마 듣다가 앞의 내용을 잊어버릴 것이며 기억하려 하지도 않을 것이다.

김구의 '나의 소원은 세 가지…'도 감동적인데 '네 소원이 무엇이냐 하고 하느님이 내게 물으시면, 첫째도, 둘째도, 셋째도 독립'이라는 것이다. 그런데 만약 나의 소원 10가지라고 한다면 역시 집중도는 떨어진다. 무조건 세 가지만 말해야 하는 이유다. 간혹 4가지, 5가지를 고집하는 이들이 볼멘소리를 한다. 장담컨대 3을 넘어서면 전달력은 급격히 떨어진다. 청중이 세 가지 이상을 기억하려면 의도적으로 에너지를 소비해야만 한다. 따라서 세 가지를 넘어서면 에너지 소비에 거부 반응이 생겨 결국 하나도 기억하려 하지 않는다. "오늘 딱 세 가지만 말씀드리겠습니다!"를 습관화시켜라. 만약 꼭 10가지를 전달해야 한다면 카테고리화해서 세 가지 유형으로 묶어 전달하면 된다.

　프레젠테이션의 시나리오 구성법의 기본적인 내용을 살펴보았다. 슬라이드 작성법, 시각적 요소 활용 방법, 폰트, 색상 대비 등은 이 책의 범위가 아님을 양해 바란다. 다만 기본적으로 숙지해야 할 요소임을 강조한다.

03

열세일 때는
판을 뒤집는 외통수가 필요하다

누가 보더라도 객관적으로 우리가 너무 약할 경우가 있다. 나는 초등학생이고 상대는 고등학생 형이다. 싸워봐야 승산이 안 보인다. 어떤 전략을 구사할 것인가? 전면전략? 용기를 내어 죽을 각오로 싸우면 죽는다. 이때는 무엇이건 대등한 전력 또는 압도하는 전력을 만들 수 있는 것을 찾아야 한다. 엄마를 불러오건, 선생님을 불러오건, 옆에 있는 짱돌을 집어들건 말이다. 그런 후에 싸워야 한다.

이순신 장군의 명량 대첩은 아주 좋은 예다. 1597년 명량울돌목에서 도저히 말이 안 되는 역사적 해전이 있었다. 12척 대 133척의 싸움에서 이룬 놀라운 승리다. 당신이라면 어떤 전략을 썼을 것인가?

전면전략은 곧바로 죽음을 의미한다. 이순신 장군이 대등한 전력을 위해 가져온 카드는 지형이었다. 울돌목의 빠른 물살과 다량의 선박이 한꺼번에 들어올 수 없는 좁은 해역을 기가 막히게 활용했다. 또한 시간에 따른 조류의 방향도 정확하게 예측해 왜군의 대오를 엉망으로 만들어버렸다. 적이 예상치 못한 공격으로 허를 찌른 것이다. 도, 천, 지, 장, 법의 지地를 읽은 지혜다. 혼비백산하는 적군을 향해 적장 구루시마의 목을 베어 높이 달아 왜군의 기를 완전히 꺾어버렸다. 언제 들어도 통쾌한 명량 해전의 승리는 열세인 경쟁상황에서 반드시 떠올려 보아야 하는 소중한 예다.

만약 경쟁자가 나보다 강력하며 청중 10명 중 9명이 경쟁자를 지지하고 있을 때 어떤 시나리오 구성을 하겠는가? 다시 강조하지만 전면전략은 죽음이다. 측면전략, 연기전략, 부분공략을 활용해야 한다. 그중 측면전략에서 활용할 수 있는 것은 대등한 전력을 갖출 무엇인가를 찾는 일부터 시작된다. 이순신 장군이 그러했듯 무엇인가를 반드시 찾아야 한다. 정치적인 것이건, 도덕적인 것이건, 명분을 흔드는 것이건, 비용적인 것이건 판을 뒤집을 수 있는 무엇인가를 찾지 못한다면 이길 수가 없다.

이런 상황에서는 설상가상으로 청중이 들으려 하지 않는다. 이미 게임은 끝났다고 생각하고 그저 형식적으로 참석할 가능성이 크다. 그들과 나의 생각을 연결하기 위한 조치를 빠르게 진행하기 위해서는 두괄식 시나리오를 구성해야 한다. 즉 적의 생각을 흔들어버릴 그 무엇, 핵심적인 정보를 맨 앞에 배치해야만 한다. 흔들지 않으면 말할 기회조차 없어질 테니까 말이다. 따라서 첫 장이 관건이다. 첫 장에서 청중의 생각을 열지 못하면 승산이 없다.

그러나 '판을 뒤집는 그 무엇', 즉 킬링 포인트를 찾는 것은 매우 어렵고 고통스러운 작업이다. 많은 정보가 필요하다. 인내심을 갖고 반드시 이기겠다는 신념으로 찾아보아야 한다. 어떤 상황에서건 하나쯤 있게 마련이니까 말이다.

킬링 포인트를 찾았다고 끝이 아니다. 이를 효과적으로 활용해야 한다. 효과적 활용이란 전혀 예상치 못한 허를 찌르는 방식을 의미한다. 어렵게 찾아낸 것인데 이미 청중들이 알고 있는 것이라면 아무 소용이 없다. "이거 아주 빅뉴스입니다! 깜짝 놀라실 텐데…", "이미 들어 알고 있습니다. 넘어가시지요"라고 하는 것과 같이 재미없어진다. 따라서 사전에 적에게 누출되어 청중에 미리 전달되지 않도록 조심해야 한다. 허를 찌르는 활용 방법을 몇 가지 나열하자면 아래와 같은 '친구비교', '제3자의 비난', '불안자극', '협박하기', '물타기' 등이 있다.

1. **친구비교**: 청중보다 조금 잘나가는 친구의 선택을 강조한다.

   ex) "이건 너한테만 알려주는 건데 너보다 조금 잘나가는 네 친구는 이걸 선택했어. 놀랐지? 왜 그랬는지 알려줄게."

2. **제3자의 비난**: 경쟁자를 내가 아닌 제3자의 시각을 빌어 비난한다.

   ex) "누가 그러던데, 네가 선택하려던 그건 문제가 많다던데? 걔가 그러던데 상당히 일리가 있어. 알려줄게."

3. **불안자극**: 청중과 대등한 위치의 친구가 실패한 사례를 알려준다.

ex) "네 친구도 그거 선택했다가 지금 큰일 났잖아. 모르니? 너도 조심해. 알
려줄게."

4. **협박하기**: 간접적으로 협박하는 방법이다.

ex) "뭐 정 그렇다면 어쩔 수 없지. 근데 잠잘 때 편히 잘 수 있겠어?"

5. **물타기**: 경쟁자가 이길 것 같으면 아예 같이 죽는 방법이다.

ex) "이거저거 다 개풀 뜯어먹는 소리야. 좀 더 기다려."

다음은 판을 뒤집어버린 고수들의 실제 킬링 포인트 사례다. 짧게
설명하지만 모두 오랜 고심 끝에 적용해 승리를 안겨준 사례들이다.
당신이 청중이라면 마음이 흔들릴지 생각해 보기 바란다.

'킬링 포인트'의 예1

[친구비교] 청중의 경쟁자의 선택을 전면에 알림

"지난 주 여러분의 최대 경쟁사인 A사에서 오랜 시간의 객관적인 검토
끝에 우리 회사 솔루션을 최종적으로 선택하였습니다. 왜 그랬을까요?
지금부터 A사 결정에 영향을 준 세 가지 이유를 설명해 드리겠습니다.
여러분의 판단에 도움이 되시길 바라겠습니다."

▶ **친구비교**: 조금 잘나가는 경쟁자와의 비교는 늘 나를 자극한다. 특히 따라가
는 입장이라면 매우 효과적이다. 늘 불안감과 호기심을 자극하기 때문이다.
이 점을 활용한 킬링 포인트로 성공적으로 뒤집었다. 단 너무 앞서가는 경쟁
사나 뒤처진 경쟁사는 효과가 없다.

[제3자의 비난] 우리의 경쟁사 제품에 대한 인터넷 댓글의 모음을 전면에 표시한 사례. 첫 장은 경쟁사(B사라 한다) 제품을 극찬하는 내용의 댓글을 표시, 두 번째 장은 경쟁사 제품을 비판한 댓글을 더 많이 표시.

"지금 보시는 화면은 인터넷상에 B사의 제품명을 검색하면 바로 볼 수 있는 내용입니다. 궁금해서 한번 찾아보았습니다. 보시는 것처럼 긍정적인 댓글이 많습니다. 저 또한 동의합니다. 역시 명불허전입니다. B사의 제품을 선택할 만한 충분한 이유가 있는 것 같습니다." - 다음 페이지로 넘김 - "그런데 부정적 의견들도 상당합니다. (몇 가지를 읽어줌) 부정적 댓글을 보면 세 가지 카테고리로 묶을 수가 있을 것 같습니다. 첫째,…, 둘째,…, 셋째…. 제가 감히 우리 경쟁사의 제품을 논할 수는 없으니 우리 회사 제품의 이 세 가지 카테고리에서의 장점을 설명드리겠습니다."

▶ 제3자의 비난: 어떠한 이유에서건 경쟁자를 직접적으로 비난하는 것은 금물이다. 경쟁자를 선택한 사람들을 비난하는 것과 같기 때문에 반감을 일으킬 수 있다. 따라서 경쟁자를 선택한 사람의 선택을 우선 존중해 주는 것으로 시작해야 한다. 그런 다음 다른 의견도 있다는 점을 내가 아닌 제3자, 즉 여기서는 댓글로 알렸고 그 이유를 경쟁자의 비난이 아닌 우리의 장점을 알리는 것으로 포장했다. 이 사례는 제3자의 비난을 킬링 포인트로 내세워 성공적으로 뒤집었다. 이 책 5장의 사례 중 '시장 점유율'을 활용한 에피소드가 있는데 바로 이 '제3자의 비난'으로 승리한 사례이니 참고하기 바란다.

[불안자극] 청중의 경쟁사가 오랫동안 사용하던 우리의 경쟁제품의 사용 여부를 전면 재검토 중이라는 뉴스를 알림.

"여러분의 경쟁사인 B사도 오래전에 도입했던 제품을 전면 재검토한다는 소식이 있었습니다. 성공적으로 사용 중이라고 여러 차례 발표를 했었는데 실상 문제가 많았다고 합니다. 무엇이 문제였을까요? 담당자의 이야기를 정리해 보면 세 가지입니다. 첫째,…둘째,…셋째"

▶ 불안자극 : 유사한 규모의 청중의 경쟁사일 경우에 효과가 크다. 알랭드 보통은 '불안이란 나와 대등한 사람들의 변화에서 가장 크게 느낀다'고 했다. 자신의 처지와 비슷한 친구가 제품을 샀는데 문제가 있어 힘들어하고 있다는 점이 핵심이다. 내 친구가 그랬으니 나도 그럴 수 있다는 불안을 활용하는 것이다. 예를 들어 '유지보수 금액이 생각보다 너무 많이 들어서', ' 막상 사용하다 보니 우리 분야와 맞지 않아서' 등 자신들에게도 일어날지 모르는 불안 요소를 유사 상황의 친구를 빌어 자극하는 킬링 포인트다. 역시 성공했다.

'킬링 포인트'의 예4

[협박하기] 마침 청중의 계열사에서 불법 소프트웨어 사용이 감지되었을 때, 사전에 그 내용을 소문을 내고 발표를 진행함. 첫 페이지는 소프트웨어 사용 현황에 관한 그래프를 제시하였음.

"우리 회사 고객층을 분류해 보면 이 정도입니다. 이 숫자에는 정품 사용자뿐 아니라 불법 사용자도 함께 포함되어 있습니다. 저는 불법 사용자도 우리 회사의 큰 고객이라고 생각합니다. 제품의 가치를 인정해 주는 것이니까요. 어쨌거나 이렇게 많은 사람들이 선택하는 이유를 지금부터 세 가지로 설명해 드리겠습니다."

▶ 협박하기: 가장 위험한 킬링 포인트다. 최대한 간접적으로 부드럽게 제시해야 한다. 선택을 하지 않을 때 우리가 공격하겠다는 일종의 협박이다. 이 점만을 활용해서도 안 되고 직접적으로 언급해서도 안 된다. 킬링 포인트에 성

공하더라도 신뢰를 잃어버릴 수 있기 때문이다. 앞의 내용을 다시 읽어보면 직접적인 협박 언급은 전혀 없었다. 청중 스스로 찔리도록 유도하였다. 위험한 협박하기 킬링 포인트도 성공했다.

'킬링 포인트'의 예5

[물타기] 청중이 우리의 경쟁사의 최신 기능에 매료되었을 때, 우리 제품의 유사한 기능을 설명하며 아직 현업에 적용하기는 시기상조임을 강조함.

"그 새로운 기능은 여러 기업에서 검토 중입니다. 흥미롭고 신기한 내용입니다만 보시는 그래프와 같이 아직 매우 초기 단계입니다. 비용은 비싸고 막상 제대로 효과를 보는 곳은 없어 보입니다. 우리 회사도 이 기술개발에 많은 투자를 지속하고 있지만 솔직히 고객 분들은 향후 조금 더 기술이 발전했을 때 도입하는 것이 현실적이지 않을까 싶습니다."

▶ 물타기: 이길 수 없을 때 나와 경쟁사를 모두 죽이는 전략이다. 결정을 연기하거나 선택 기준에서 제외시켜 버리는 킬링 포인트다. 단 청중의 성향을 잘 읽고 시도해야 한다. 청중이 만약 혁신형이라면 전혀 먹히지 않는다. 다행히 보수형 청중이 한 마디 거들어주면 성공한다. 따라서 청중의 성향을 정확히 파악하고 사용하기 바란다.

역전, 판을 뒤집는 승리, 절대 이길 수 없는 상황에서의 기적 같은 영웅담은 언제나 통쾌하고 짜릿하다. 그러나 안 하는 것이 가장 좋다. '싸우지 않고 이기는 것이 진정한 승리'라는 《손자병법》의 가르침처럼 열세의 상황이 벌어지지 않도록 미리 예방하는 것이 진짜 고수임을 잊지 말아야겠다.

04

우세할 때는
이미 패배한 자를 상대로 승리한다

이길 만한 싸움만 하는 사람이 진짜 싸움을 잘하는 사람이다. 우리가 우세이고 의사 결정권자와 영향력 행사자 모두 우리 편일 때는 당연히 이긴 싸움이다. 이런 경우에는 이기는 게 너무나 당연하다고 여긴 나머지 칭찬이나 보상이 그렇게 많지 않다. 그러나 결론부터 말하자면 그것은 잘못된 생각이다. 프레젠테이션 전에 이미 경기가 끝난 상태라는 것은 그만큼 주도면밀하게 사전에 승리를 만들어두 었다는 것이므로 승리에 대한 칭찬이나 보상이 반드시 뒤따라야만 한다. 사실 우세할 때 이기는 사람이 가장 고수라 할 수 있다. 고수는 이미 패배한 자를 상대로 승리하기 때문이다. 우세할 때의 시나리오 구성법에 대한 주의사항을 살펴보자.

짧게 하고 끝내라

청중은 우리에 대해 알 만큼 알고 모두 긍정적으로 평가를 내린 상태다. 이미 결론을 내려두고 있기 때문에 더 이상 들을 것도 없다. 단지 자신의 판단을 한 번 더 확인하는 자리일 뿐이다. 따라서 청중이 알고 있는 범위만 이야기를 한다. 간혹 의기양양하여 청중이 모르는 것을 갑자기 꺼내어 보여주고 싶은 충동을 느낄 때가 있으나 위험하다. 이미 논의한 항목 이외에 논쟁거리를 만들어서는 안 된다. 어떤 반응이 나타날지 모르기 때문이다. 불필요한 논쟁거리를 최소화시키는 것이 우세한 판도에서 해야 할 첫 번째 작업이다. 하고 싶은 이야기는 결과가 나온 다음에 해도 늦지 않는다.

사내 실적 보고 프레젠테이션에서 말을 참 잘하고 시장조사 및 분석능력도 뛰어나며 심지어 슬라이드를 멋지게 만드는 것으로 유명한 박영진 과장이 있었다. 다들 그 친구의 슬라이드를 보면 감탄하기 바빴다. 분기에 큰 딜이 있어 모두 칭찬하던 차에 실적 보고 프레젠테이션을 시작했다. 박 과장이 담당한 고객의 시장 상황이 매우 안 좋음에도 불구하고 딜을 성사시켜 여기저기서 많은 칭찬을 받고 있는 중이었다. 프레젠테이션이 진행되고 모두 흐뭇한 박수를 쳐주었다. 딱 거기까지 하고 끝냈어야 했다. 그 친구는 그 고객이 왜 상황이 어려운지 온갖 자료들을 끄집어내어 멋지게 발표를 이어갔다.

"이 그래프를 보면 향후 3년간 성장률이 1%대 이하로 머문 것으로 예상이 되며, 과거 3년간 마이너스 성장을 기록하고 있습니다. 당분간 시장이 성장하기는 매우 어려울 것 같습니다. 이 분야의 전문 리서치 기관에서 발표한 시장동향 분석 자료를 보면….”

매우 전문적인 식견으로 청중을 압도해 나갔다. 그런데 들을수록 그 고객은 앞으로 성장 가능성이 없어 보이며 그 고객 담당자의 존재를 의심하게 하더니 급기야 그 팀의 부서장으로부터의 질문이 튀어나왔다. “그럼 그 고객 담당자는 앞으로는 필요 없는 거네?” 말이 길면 이처럼 실수가 나올 수밖에 없다. 프레젠테이션에서의 말은 경제적으로 해야 한다. 나머지 하고 싶은 말은 프레젠테이션이 끝난 다음 별도로 해도 늦지 않다. 영업 프레젠테이션에서는 더더욱 그렇다. 만약 추가로 말한 내용에 청중이 관심을 가질 경우 자칫 지금 진행하는 건의 결정이 연기되어 버릴 수도 있다. 원치 않게 스스로 연기전략을 구사한 꼴이 된다.

검토한 항목을 다시 한 번 강조한다

우세한 경우에 청중은 자신의 생각이 틀리지 않았음을 확인하고 싶어 한다. 그리고 주위의 다른 사람도 자신의 결정에 동의하는 모습을 보고 싶어 한다. 결국 우세할 때의 프레젠테이션은 의사 결정권자 또는 영향권자가 이미 검토한 내용을 다른 청중에게 다시 한

번 강조해 주어 결정을 내리는 사람들의 공정성을 확인시켜 주는 것이 핵심이다. 이럴 경우 영향권자나 의사 결정권자가 프레젠테이션 중간에 끼어들어 발표자의 발표 내용을 함께 강조해 주도록 유도하여야 한다. "거봐. 저거야 저거! 바로 내가 말했던 거…" 하고 의사 결정권자나 영향권자가 말할 수 있도록 유도하는 것이다.

방어막을 친다(적의 측면 공략에 대한 방어)

내가 이기고 있는 상황이고 내 발표 후 경쟁자가 발표를 하기로 되어 있다면 사전에 방어막을 쳐둘 필요가 있다. 무언가 킬링 포인트를 가져올 가능성이 크다. 최근 업계의 뉴스나 내부적인 사건들을 미리 조사하여 혹시 경쟁자가 가져올 만한 킬링 포인트를 먼저 말해 주어야 한다. 우리에 관한 나쁜 뉴스를 우리가 이야기함으로써 충격을 줄일 수 있기 때문이다.

예를 들어 경쟁사가 가져올 킬링 포인트 중 '불안자극'이 예상된다면 이렇게 방어막을 쳐둔다.

"최근에 여러분의 경쟁사 B사에서 우리 제품을 사용하지 않기로 했다는 소식이 있었는데 저도 깜짝 놀라서 내막을 들어보니 뭐 큰일은 아니더라고요. 기회가 되면 무슨 사연이 있었는지 말씀해 드리겠습니다"라고 선수를 쳐두어야 한다. 다음 시간에 경쟁자는 청중이 깜짝 놀랄 것으로 예상하겠으나 이미 다 알고 있는 내용이 되어 킬링 포인트를 잡지 못한다.

인천상륙작전에서 북한군의 입장을 떠올려보자. 다 이긴 싸움에서 전혀 예상치 못한 공격을 당할 수 있다. 예상되는 적의 측면 공략을 단단히 대비해 둬야 한다.

영토를 확장한다(적의 부분 공략에 대한 방어)

만약 우리가 매우 우세하다면 경쟁자가 부분공략을 시도할 수도 있다. 즉 큰 것을 주고 작은 것을 쟁취하고자 하는 전략을 구사할 것이다. 작은 것을 내어주면 평화롭게 끝이 나겠지만 후에 새로운 공격의 빌미를 줄 수 있다. 따라서 확장 가능한 영역을 미리 확보해 두어 부분공략을 막아두는 것이 좋다. 프레젠테이션의 마무리 후에는 추가로 검토해야 할 솔루션을 갖고 있음을 넌지시 알려줘야 한다. 단, 지금 검토하라는 취지로 말하면 안 된다. 스스로 연기전략을 구사하는 꼴이 될 수 있다. 만약 경쟁자가 뒤에 부분공략을 시도하더라도 청중은 앞서 유사한 내용을 들었음을 알게 되고 그때의 검토 내용에 대해 고민하지 않을 것이다.

향후 액션 아이템을 제시한다

어떤 유형의 프레젠테이션이건 향후 액션 아이템에 대한 제시를 해주어야 한다. 그 이유는 '이미 이번 것은 끝이 났으니 다음 단계로 나아가시지요'라고 말하는 뉘앙스다. 이미 경쟁사 내용은 들어볼 필요도 없이 결정이 끝났음을 간접적으로 선언하는 것이다. "향후 지원 계획을 말씀드리겠습니다. 도입 후 1주일 뒤 저희 기술지원팀이 들어올 것입니다. 저기 김 차장님에게 연락을 드리겠습니다. 그리고…"와 같이 구체적인 액션 아이템을 말해줌으로써 결론이 났음을 선언하고 청중들의 생각을 도입 후로 이끌어가는 효과가 있다.

발표 순서는 처음에 하는 것이 유리하다

발표 순서를 정할 수 있다면 처음에 하는 것이 유리하다. 청중의 마음이 이미 정해져 있으므로 뒤의 내용을 듣지 않도록 확정지어 버리는 것이 좋다. 단 적의 측면전략, 부분공략, 연기전략에 대해 미리 방어막을 치고 빠져나와야 한다. 마지막으로 발표를 한다면 앞서 경쟁자들이 제시했던 의문과 비난에 대한 해명을 요구하기 바쁠 수 있다.

우세하다고 판단이 되면 대부분 크게 전략적으로 생각하지 않는다. 그러나 그렇기 때문에 앞서 살펴본 열세일 때의 드라마 같은 기적들이 일어날 수 있음을 잊어서는 안 된다.

05

경합 중일 때는
모든 곳을 지키면 모두 잃는다

대등한 적이 나타났다. 가장 힘들고 피곤한 싸움이다. 나의 전술과 전략을 너무나 잘 파악하고 있어 내가 치고 들어가면 옆을 치고 나타난다. 속이려 하면 속는 척 공격한다. 나를 너무 잘 알아 약점을 집중 공격한다. 내가 공략할 포인트를 미리 알고 방어한다. 어떻게 시나리오를 구성할 것인가?

경쟁사를 비난해서는 절대 안 된다

경합이라 하면 청중 10명 중 아군과 적군이 5대 5의 상대라 할 수 있다. 누군가는 경쟁사를 옹호하고 있다는 말이다. 경쟁사를 비난한다면 그것은 경쟁사를 선택한 사람들을 비난하고 모욕하는 것임을 명심해야 한다. 모욕감을 느낀 청중은 절대 물러서지 않는다. 그들의 결정을 존중하는 것이 우선이다.

킬링 포인트는 뒤쪽에 넣는다

경합 중일 때 만약 킬링 포인트를 앞쪽에 넣으면 위험할 수 있다. 청중 중 적군은 맹렬하게 공격할 태세를 갖추고 있기 때문이다. 시작부터 시끄러워질 수 있다. 그들의 마음을 가라앉히는 것이 우선이다. 일반적으로 기승전결의 시나리오 구성이 효과적이다. 앞에서 적군의 마음을 달래주는 작업이 필요하기 때문이다.

싸움꾼이 아닌 평가자로 배역을 설정한다

경쟁자는 죽을힘을 다해 덤벼들 것이다. 청중은 나 또한 죽기 살기로 맞상대할 것으로 예상하는 경우가 일반적이다. 이때 의외로 싸움에서 빠져나오는 전략을 구사하면 효과적이다. 즉 청중과 같이 평가자의 위치에 서는 것이다. 이른바 평가자로 배역 설정을 하는 것이다. 배역 설정 방법은 연출력에서 다시 논하겠다. 경합 시 자주 사용하는 시나리오는 '기승전결' 구성으로 시간의 흐름과 함께 전개한다. 우리의 제품을 A, 경쟁사의 제품을 B라 하자.

- 기: "A와 B는 시장에서 경쟁하며 같이 성장하고 있습니다. 아주 오랫동안 말입니다. 다시 말해 둘 다 이미 검증이 되어 있기 때문에 어느 것을 선택하건 잘못된 선택이라고 아무도 비난할 수가 없습니다. "

  ⋯▶ 평가자의 위치로 올라간다.

- 승1: "B제품은 우리를 아주 까다롭게 만드는 재주가 있습니다. 몇 가지를 살펴보면 B의 장점을 A가 따라가는 경향을 보였습니다. 예를 들어⋯."

  ⋯▶ 청중들 중 B를 선택한 사람들이게 자긍심을 심어준다.

  ⋯▶ 연도를 제시하여 과거 B가 인정받았던 장점들을 높이 사준다.

- 승2: "B는 A제품의 약점들을 많이 공격하기도 했습니다. 그땐 참 힘들었습니다.(웃음) 그러나 보시다시피 A제품이 곧바로 지적된 약점들을 보완해 나가고 있음을 볼 수 있습니다. 예를 들어⋯."

  ⋯▶ 경쟁사가 제시할 A의 약점이 장기적으로 큰 의미가 없는 것으로 인식시킨다.

  ⋯▶ 시간이 지나면서 단점이라고 그토록 공격하던 내용들이 사라짐을

보여준다.

- 전1: "선의의 경쟁을 하다 보니 A제품을 B가 쫓아오는 경향도 있습니다. 예를 들어…."

  ⋯▸ 어느 시점부터 A가 앞서가고 있음을 보여준다.

- 전2: "이렇게 A와 B는 주거니 받거니 시장을 키워가고 있습니다."

  ⋯▸ 공통적이거나 작은 장단점 등은 크게 신경 쓸 일이 아니라는 점을 심어준다.

- 전3: "그러나 B제품이 도저히 따라오지 못하는 A제품만의 독보적인 내용이 있습니다. A만의 장점이지요. 예를 들어…."

  ⋯▸ 시간이 흐르면서 A가 압도적으로 선도하고 있다는 느낌을 준다.

  ⋯▸ 미래에는 A가 시장을 주도할 것이라는 믿음을 준다.

- 결: "오늘 여러분은 중대한 결정을 앞두고 있습니다. 어떤 것을 선택하건 문제가 될 것은 없어 보입니다. 그러나 분명히 말씀드릴 수 있는 것은 A제품이 향후의 시장을 주도해 나갈 것이라는 사실입니다. 경청해 주셔서 감사합니다."

이 방식은 여러 차례 시도해 보았고 모두 성공적으로 끝이 난 검증된 시나리오 구성법이다. 나와 죽기로 맞서 싸우려는 적은 당황해하고 청중은 같은 평가자의 입장에서 대신 평가해 주는 발표자의 말을 차분히 따라온다. 그럼 어떤 내용으로 시나리오를 채울 것인가?

선택과 집중으로 내용을 구성한다

잭 웰치는 "세계 시장에서 현재 1위를 하고 있거나, 곧 1위를 할 수 있는 사업을 제외하고는 모두 버려라"고 했다.

손자는 이렇게 말했다. "모든 곳을 다 지키려면 모든 곳이 다 약해질 수밖에 없다."

성을 공략할 때 군사를 성벽 전체로 넓게 펼쳐 공격해 적을 분산시키면서도 사실은 한 곳을 미리 정해 집중 공격한다. 병사들을 보내고 죽으면 또 보낸다. 한 곳만 뚫으면 전체를 뚫을 수 있기 때문이다. 바로 선택과 집중이다.

공감력을 발휘하여 컴펠링 이벤트에 부합되는 우리만의 차별 요소, 즉 킬링 포인트를 찾아야 하는 것이 관건이다. 10가지 항목으로 싸운다면 10대 0으로 이길 필요가 없다. 한 점이라도 높으면 이긴다. 따라서 모든 곳에서 이기려 하지 말고 반드시 이길 수 있는 항목에 집중한다. 버릴 것은 과감히 버린다. 앞선 시나리오 구성에서 킬링 포인트를 마지막 전개부분에 넣어 경쟁사가 절대로 쫓아올 수 없는 부분으로 처리한다.

발표는 단순하게, Q&A는 자세하게

경합 시 불안한 마음에 우리가 가진 모든 것을 보여주고 싶은 욕심이 생긴다. 그래서 발표자료가 많아지는 경향이 있다. 보여주고 싶은 내용은 많고 시간은 정해져 있으니 말의 속도는 빨라진다. 절대 해서는 안 될 일이다. 선택과 집중이 반드시 필요하다. 나머지는 Q&A에서 해결한다. 경합 시 Q&A는 매우 중요한 역할을 한다. 프레젠테이션은 호감을 얻기 위해 노력하고 Q&A에서는 정보 전달 기능을 수행해야 한다.

발표 순서는 뒤에 하는 것이 유리하다

많은 경우에 경합 시 아마추어 발표자는 경쟁사보다 앞에 발표하여 정해진 시간을 훌쩍 넘겨 청중의 힘을 빼는 전략을 쓴다. 전략일 수도 있고 앞서의 내용처럼 불안해서 그럴 수도 있다. 그래서 오히려 뒤에 하는 것이 유리하다. 긴 시간의 발표는 오히려 청중에게 나의 불안한 마음이 전달될 수 있다. 만약 당신이 밖에서 오랫동안 기다리기라도 한다면 당신은 청중의 미안함도 얻을 수 있다. 죽을 듯이 덤벼드는 적을 피해 여유롭고 우아하게 전달하면 이길 수 있다. 그러기 위해선 선택과 집중으로 간략한 시나리오를 구성해야 한다.

06

보이지 않는 선이
끊어지면 끝이다

"유명 영화배우 탐 크루즈가 출연한 작품 중에 가장 재미있었던 영화와 가장 실망스러웠던 영화는 무엇입니까?"라고 질문을 받으면 여러 가지 영화를 머리 속에 떠올린다. 그리고 그 영화들의 순위가 매겨진다. 탐 크루즈의 연기력을 논할 사람도 없고 영화 상영 시간에도 큰 차이가 없으며 특수효과야 할리우드에서 워낙 잘했으니 말할 것도 없다. 순위가 나타나는 이유는 바로 시나리오가 탄탄한가 아닌가의 차이일 뿐이다. 따라서 영화가 재미없다는 것은 시나리오가 재미없다는 말이다.

같은 시간, 같은 장소, 같은 주제로 발표를 해도 누군가는 감동적인 발표를 하고 누군가는 청중을 졸게 만든다. 기본적으로 시나리오가 중요한 이유다. 고수들은 시작과 함께 자신의 소설 속으로 청중들을 몰입시킨다. 시작과 동시에 보이지 않는 선으로 청중과 발표자가 연결되고 그 연결선은 프레젠테이션이 끝날 때까지 단 한 번도 끊이지 않는다. 어떻게 가능할까? 고수들의 시나리오 작성 비법을 살펴보자.

궁금증을 유발하는 시작: 보이지 않는 선을 연결한다

"행복한 가정은 모두 비슷비슷하지만, 불행한 가정은 나름대로 불행의 원인을 안고 있게 마련이다."

톨스토이의 《안나 카레니나》의 첫 구절이다.

"나는 내 아버지의 사형집행인이었다."

정유정의 소설 《7년의 밤》의 첫 구절이다.

이들은 첫 구절 한 문장으로 독자들의 시선을 사로잡는다. 상상력을 자극해 보이지 않는 선의 연결에 성공했다. 프레젠테이션에서도 마찬가지다. 청중과의 연결선을 만드는 작업이 성공의 첫 관건이다.

TED의 유명 프레젠터인 사이먼 사이넥Simon Sinek은 말했다.

"오프닝 멘트는 청중의 상상력을 자극해야 합니다."

상상력의 자극은 곧바로 청중과의 강한 연결선을 만들어주고 그 선이 끊이지 않도록 스토리를 이어나가는 것이 그의 감동적 발표의 비법이다. 이 선이 생기지 않으면 내용의 전달은 불가능하다. 이 선이 중간에 생겨서도 안 된다. 항상 시작과 함께 생겨 끝까지 유지되어야 성공적인 프레젠테이션이 가능하다. 궁금증을 자극하며 청중과의 연결의 선을 만드는 첫 멘트와 첫 페이지가 중요하다.

궁금증을 유발하는 전개: 연결선을 유지한다

인기 드라마를 보다 보면 끝나는 장면에서 욕 나오는 경우가 많다. 일주일간 궁금해 미치도록 만들어버리기 때문이다. 그래도 우리는 그 궁금증으로 한 주를 기쁜 마음으로 기다린다. 프레젠테이션에서도 마찬가지다. 슬라이드와 슬라이드는 원인과 결과로 이어지게 진행하는 것이 좋다. 그래야 연결의 끈이 사라지지 않는다. 예를 들어 "지금 대한민국의 출산율이 OECD 국가 중 최하위를 기록하고 있습니다. 왜 이런 현상이 나타나는 것일까요?"라고 말한 후 약간 뜸을 들여 청중이 잠깐 생각하게 만든다. 그리고 다음 페이지에 시원하게 해답을 알려준다. "왜 이런 변화가 일어나는 걸까요?", "이 문제를 해결하기 위해서 우리는 무엇을 준비해야 할까요?", "전문가들은 이 현상을 어떻게 분석하고 있을까요?" 등 현재 페이지와 다음 페이지는 '궁금증 유발, 생각의 유도, 해답'으로 시나리오를 작성해야 한다. 마치 인기 드라마처럼 말이다.

스토리텔링

스토리텔링 기법은 청중의 생각을 유도해 연결의 선을 유지하는데 효과적이다. 마치 재미있는 이야기를 하듯 내용을 설명하는데, 아래 두 가지 묘사를 통해 차이를 알 수 있다.

1. 창덕궁의 부용지는 사각형의 연못 가운데 둥근 섬을 만들었고 섬에는 소나무가 심어져 있습니다. - **설명방식**
2. 우리 조상들은 하늘은 둥글고, 땅은 네모라 생각했습니다. 그래서 네모난 연못과 그 안에 둥근 섬을 만들어 우주를 표현했습니다. 창덕궁의 부용지는 바로 그 대표적인 사례입니다. - **스토리텔링**

주로 슬라이드를 펼쳐놓고 설명하던 습관을 가진 사람은 스토리텔링을 너무 거창하게 생각해 어렵게 느끼는 경우가 많다. 가볍게 접할 수 있는 공부법은 역시 홈쇼핑이다.

"가족들 다 잘 때 나는 이 영화를 꼭 봐야겠다. 그래서 소리를 아주 작게 해서 보는 경우가 있죠? 이런 분들을 참 좋아하실 것 같습니다. 이렇게 리모콘에 이어폰을 꽂아서 소리를 들을 수 있습니다. 야~ 이제 마음껏 소리 높여 들으실 수 있습니다."

단 너무 오버해서는 안 된다. 스토리 자체가 주가 되어서는 안 되니까 말이다.

간결한 짜임새

프레젠테이션은 정해진 시간이 있다. 20분이건 40분이건 정해진 시간에 끝날 수 있는 시나리오를 구성해야 한다. 많은 것을 보여주고자 이것저것 욕심을 내다 보면 도저히 끝날 것 같지 않은 분량의 슬라이드가 만들어진다. 그러다 보니 말이 빨라지기도 하고 시간이 늘어지기도 한다.

그 순간 이미 청중의 연결선은 끊어진 상태다. 아무런 전달이 되지 않는다. 마무리가 안 되니 설득은 실패다. 꼭 필요한 내용만 담은 간결한 시나리오를 구성해야 하는 이유다.

화끈한 마무리

참으로 잘 진행하고선 마무리를 못하는 발표자를 보면 안타깝다. 마무리는 깔끔하고 화끈하게 맺어줘야 한다.

"네… 이렇게 발표를 끝을 내고 다시 한 번 오늘의 내용을 정리하자면… 그래서 그 점을 다시 한 번 강조하고 싶은데….."

마무리가 화끈하지 못하면 전체 발표가 엉망이 된다. 영화의 주인공이 비극적으로 죽는 장면에서 죽을 듯 말 듯 계속 안 죽고 있을 때의 느낌과 같다. 흔히들 마무리 멘트의 중요성을 모르는 경우가 많다. 고수들은 마무리 멘트를 짧고 강하게 그리고 화끈하게 맺는다. 그래야 전체 발표가 살아난다는 것을 알기 때문이다. 자신만의 화끈한 마무리 멘트를 연습해 보기 바란다.

지금까지 상황에 따른 시나리오 구성법을 살펴보았다. 그러나 싸움에 정답은 없다. 동일한 상황이 이론적으로 있을 수가 없듯이 다양한 경험을 토대로 변화무쌍한 환경에 유연하게 대처해야 한다.

4장

프레젠테이션의 전투, 연출력
- 프레젠테이션은 한 편의 공연이다

01. 승패는 발표자의 연출력이 결정한다
02. 배역 설정 - 카멜레온처럼 변하라
03. 좋은 배우의 조건 - 기본기가 없으면 배역을 맡기지 마라
04. 청중과 함께 하는 공연 - 공연은 혼자서 하는 것이 아니다
05. 완벽한 연출 - 모든 상황을 장악하라
06. 실전 같은 연습 - 프레젠테이션의 중심은 발표자다

$$01$$

승패는 발표자의
연출력이 결정한다

"공연 잘 다녀왔어?", "오늘 공연 어땠어?", "공연 다녀오겠습니다." 는 프레젠테이션 기회가 잦은 우리 팀의 대화에 자주 등장한다. 프 레젠테이션은 한 편의 공연이라 강조했더니 벌어지는 현상이다.

서울에서 근무하는 나는 지방 출장이 잦은 편이다. 그러다 보니 부산을 방문해 20분간 발표 후 다시 돌아오는 일도 많다. "발표 잘 들었습니다. 아이고, 그런데 20분 발표 때문에 이렇게 먼 길을 오시 라 해서 죄송하네요"라는 말도 듣는다. 생각해 보면 서울에서 비행 기나 기차를 타고 부산까지 가서 발표를 하고 다시 올라오는 시간만 을 따져보면 그렇게 생각할 만하다. 물론 반가운 지인들을 만나는 것도 출장의 목적이긴 하지만 말이다. 그러면 이렇게 대답한다. "싸이는 3분짜리 노래하러 미국도 가는데요, 뭘. 오히려 불러주셔서 정말 감사합니다"라고.

미국은 너무 머니까 싸이 대신 누군가에게 잠깐 부탁하면 안 될까? 말이 안 되는 소리다. 싸이의 노래는 싸이만이 부를 수 있기 때문이다. 그래서 간다. 그래서 부른다. 그리고 수많은 사람들이 그 공연장으로 향한다. 감동을 느끼기 위해서 말이다.

큰 행사를 자주 하는데 주제에 맞게 해외의 특정 유명인을 섭외하는 일이 많다. 발표시간은 길어 봐야 30분이다. 그 사람만이 그 이야기를 할 수 있기 때문에 부르고 그것을 알기에 그 사람들도 한국에 온다.

프레젠테이션은 나의 공연이다. 내가 작사, 작곡한 나만의 노래다. 그래서 사랑스럽고 그래서 성공적으로 공연을 해야 한다. 가끔 프레젠테이션을 잘 마치고 나면 상당 기간 동안 여기저기서 같은 발표를 해달라는 초청을 받는다. 웬만하면 시간을 내어 달려간다. 어디건 말이다. 불러주니 얼마나 고마운가.

"어떻게 하면 프레젠테이션을 잘할 수 있죠?"라는 질문에 답을 하려면 참으로 길다. 그래서 짧게 답을 해줄 경우에는 "나만의 공연이라 생각하면 됩니다"라고 답을 한다. 그 안에 모든 답이 있다.

당신의 공연은 얼마나 많은 사람들이 즐겨 보는가? 앙코르 요청이 쏟아지는가? 아니면 언제 끝날지 기다리고 있는가? 공연할 때 청중은 감동의 눈빛을 보이는가? 아니면 졸고 있는가? 당신의 한 편의 공연비용은 얼마로 예상하는가? 1억? 아니면 공짜? 당신에게 다시 한 번 공연을 해달라고 요청하는 사람이 있는가? 아니면 아무도 연락이 없는가?

신인가수들이 무대에 한 번 서기 위해서는 얼마나 많은 인고의 세월을 보내야 하는지 우리는 알고 있다. 그리고 3분짜리 그 곡이 탄생하기까지 수많은 사람들의 피와 땀이 있다는 것도 안다. 그런데 지금 당신에게 무대에 설 기회가 주어졌다. 어찌 어설프게 공연할 수 있겠는가? 그것도 3분이 아닌 20분이 주어졌는데 말이다.

프레젠테이션은 한 편의 연극이라 할 수 있다. 발표자는 작가이며, 배우이며 동시에 연출가다.

다음은 실제 연극의 연출가가 연출을 수행하는 과정을 짧게 요약한 것이다. 당신이 흥행하는 연극을 만들어야 하는 연출가라 상상하고 하나씩 살펴보도록 하자. 너무나도 프레젠테이션과 닮아 있어 놀랄 것이다.

1. **연극의 목표 설정[프레젠테이션의 궁극적인 목표]**: 관객의 성격과 구조의 파악이 이루어졌는가? 극단은 관객의 구성과 취향을 고려하여 희곡을 선택해야 한다.

2. **희곡(시나리오)의 선택[프레젠테이션의 정보 분석 및 공감]**: 연극을 요청한 단체의 주제에 부합하는가? 재미있는가? 감동적인가? 독창적인가? 보편성을 담고 있는가? 재미를 넘어 삶의 질문을 던지는가?

3. 시나리오의 각색[프레젠테이션 시나리오의 구성] : 연극에 적합한가? 주어진 시간에 소화할 수 있는 분량인가? 리듬과 템포는 적절한가?

4. 극중 인물의 분석 및 배우의 극중 인물화[발표자의 시나리오의 소화] : 연출가는 작품 전체의 성격, 분위기, 양식 등에 대해 기분적인 골격을 가지고 있어야 한다. 그래야만 그에 맞는 배우를 뽑을 수 있기 때문이다.

5. 배우의 선정[발표자의 기본기] : 발표자에 맞게 시나리오가 구성되었는가? 현재의 연기력은 뛰어난가? 장래성이 있는가? 기본기를 갖추고 있는가? 시나리오의 배역에 적합한 캐릭터인가?

6. 청중과의 관계[프레젠테이션에서 청중과의 연결] : 연출가는 자기 연극이 관객과 어떤 형태로 만날 것인지에 대한 결정을 할 필요가 있다. 관객과 더불어 하는 무대를 만들 것인지, 무시하는 무대로 할 것인지, 펼쳐보이는 무대를 만들 것인지 결정해야 한다. 이와 같이 관객을 어떻게 참여시킬 것인가 하는 것을 결정해야 한다.

7. 무대 디자인[프레젠테이션 환경 점검] : 무대는 시나리오에 나온 환경을 적절히 나타내고 있는가? 배우들의 등장과 퇴장, 소품들을 필요에 따라 적절히 교체할 수 있도록 효율적인가?

8. 연습[발표 연습] : 연습은 배우가 작품을 정확하게 해석하는 데에 목적이 있다. 배우가 완벽히 배역을 소화할 수 있도록 연습한다.

발표는 공연 연출가가 되어 한 편의 공연(연극이건 노래건 뮤지컬이건)을 준비하는 마음으로 철저히 준비해야 한다. 위의 연출가의 준비 단계 중 1, 2, 3은 앞에서 다루었고 배역의 설정, 배우의 조건, 청중과의 관계, 연출가의 시선, 연습 방법을 살펴보도록 하자.

02

배역 설정
-카멜레온처럼 변하라

　한번은 초등학교 어린이를 대상으로 아빠의 직업(?)을 발표할 일이 있었다. 이것은 아마 나의 경험 중 가장 어려웠던 프레젠테이션이었던 것 같다. 청중과의 공감, 그것도 어린 청중과의 공감은 무척 힘들었다. 아들 앞에서 몇 번이고 발표를 해보고 반응을 살펴보았던 기억이 난다.

　발표 당일 나를 모르는 아이들의 나에 대한 호칭은 당연히 "선생님!"이었다. 나도 자연스레 '아빠'에서 '선생님'으로 변신을 해야만 했다. 거기서 부장님처럼, 동네 형처럼, 교수님처럼 발표해서는 안 되지 않겠는가? 그러면 아들에게 체면이 서지 않을 것이 뻔하다.

영업 프레젠테이션에서의 상황별 추천 배역 설정

발표자의 배역 설정은 프레젠테이션이라는 공연 전체의 흐름을 결정짓는 중요한 잣대다. 청중과 상황에 따라 카멜레온처럼 자신의 위치를 바꾸어야 한다. 교수님으로, 친구로, 후배로, 부하직원으로, 상사로 자유자재로 바꿀 수 있어야 한다. 각 유형별 올바른 발표자의 배역 설정을 살펴보자.

1. 열세일 때: 비장한 각오의 도전자

우리가 지고 있고 청중도 그것을 알고 있을 확률이 크다. 구걸해서도 비굴해져서도 안 된다. 동정심만 얻을 뿐 반전을 기대하기는 힘들다. 이때 가장 좋은 캐릭터는 비장한 각오의 도전자다. 당연히 연기도 그에 맞게 해야 한다.

첫 인사로 "여러분, 오늘 저는 비장한 각오로 이 자리에 섰습니다"라고 말을 해본 적이 있다. 아무도 웃거나 졸거나 하지 않았다. 비장한 분위기가 순식간에 퍼졌다. 상황을 알기 때문이었다. 그리고 끝까지 경청해 주는 분위기를 만들 수 있었다.

굳이 말을 하지 않더라도 열세일 때는 분위기 자체를 비장하게 끌고 가야 한다. 이기고사 하는 에너지를 전달해 주는 것이 이 상황에서 배우가 가져야 할 캐릭터다.

2. 우세일 때: 관광 가이드

우리가 이기고 있는 상황이라 함은 청중이 당신을 신뢰하고 믿고 따른다는 의미다. 이럴 때는 여행지의 관광 가이드처럼 사람들에게 친절하게 안내하는 캐릭터 역할을 해야 한다. 청중은 새로운 세계에 처음으로 들어와 있는 상황에서 오로지 당신만을 바라보고 있다. 따라서 이럴 때는 미지의 세계로 청중을 안전하게 데려가는 가이드의 캐릭터가 적합하다.

3. 경합 중일 때: 평가자

앞서 언급하였듯이 상대와 치열하게 싸우고 있을 때는 싸움터에서 빠져나와야 한다. 이런 경우 청중은 혼란스럽고 비슷비슷한 대상 사이에서 선택하기가 무척 어려운 상황이다. 이럴 때에는 마주 보는 것이 아니라 같은 평가자의 캐릭터로서 같은 곳을 바라보면서 리드해나가는 것이 바람직하다. 같이 바라보면서 리드해 나가는 캐릭터가 적합하다.

보고 프레젠테이션에서의 상황별 추천 배역 설정

1. 보고결과가 긍정적일 때: 아부형

드라마에서 아부를 잘하는 캐릭터를 본 적이 있는가? 보고 결과가 좋을 때는 이 캐릭터가 적합하다. 아부형 캐릭터가 할 수 있는 말이라면 "지난번 부장님께서 조언해 주신 대로 했더니 정말 그렇더라고요…", "저 혼자 헤매고 있을 때 저기 계신 이사님께서 도와주셨습니다. 다시 한 번 감사드립니다", "역시 우리 팀의 팀웍이 이런 결과를이끈 것 같습니다" 등 아부 잘하는 사람으로 설정한다. 그리고 실제로 성과가 좋았다면 그랬을 확률이 크다. 팀의 도움이 없었다면 어찌 성과가 좋았겠는가. 아낌없이 서로를 칭찬하는 캐릭터가 필요하다. 주의할 것은 자화자찬형으로 가면 절대 안 된다.

2. 보고결과가 부정적일 때: 예선전에서 탈락한 축구 명감독

우선 비난이 쏟아질 것이다. 직접 비난 섞인 말이 아니더라도 수많은 지적이 쏟아질 것이다. 이럴 때는 우선 받아들여야 한다. 토를달지 말고 받아들여라. 피보고자는 일단 쏟아낼 준비를 하고 앉아있기 때문이다. 피보고자가 다 쏟아내도록 한 다음에는 명감독의 모습을 보여줘야 한다. 다시 도전해 성과를 거둘 수 있다는 자신감을보여주어야 한다. 따라서 예선전에 탈락한 축구의 감독, 그것도 명감독의 캐릭터가 적합하다. 주의할 것은 결론은 무조건 희망적으로끝을 내야 한다는 것이다. 도전하겠다는 각오로 마무리가 되어야 성공적인 프레젠테이션이 된다. 절대로 억울한 누명을 쓴 죄인의 캐릭터를 해서는 안 된다.

평가 프레젠테이션(갑자기 등장한 혜성 같은 신인 가수)

평가 프레젠테이션의 특징은 동일 주제 또는 유사 주제로 여러 명의 발표자가 존재한다는 것이다. 따라서 완전한 고수가 등장하지 않는 이상 대체로 비슷한 내용으로 발표가 이어질 확률이 크다. 그대로 그 분위기에 섞이지 않는 것이 이 유형에서 필요한 캐릭터다. 그러기 위해서는 예상되는 내용과 다르게 준비하는 것이 좋은데 일반적으로 발표할 사람들의 제목과 사람을 보고 내용을 예상하고, 나만 다르게 준비해 보도록 한다. 심사규칙 등이 있다면 살짝 또는 과감하게 틀어버리는 것도 방법이다. 이른바 갑자기 등장한 혜성 같은 신인 가수가 필요하다. 심사위원이 깜짝 놀라는 표정을 떠올리면서 말이다.

대중 프레젠테이션(TED 발표자 캐릭터)

대중 프레젠테이션은 청중의 숫자가 매우 많고 성향도 다양한 것이 특징이다. 따라서 서서히 집중을 이끌어갈 수 있도록 기승전결의 시나리오 구성이 적합하다. 말 그대로 TED에서의 발표자의 캐릭터가 필요한 분야다. 동시에 앞뒤로 발표자가 많다면 평가 프레젠테이션과 같은 배역 설정이 필요하다.

발표자의 배역 설정은 전체 흐름의 자연스러움을 결정짓는 매우 중요한 요소다. 늘 하던 대로 하지 말고 그 공연의 상황을 분석해 자신이 소화할 수 있는 배역을 잘 설정해야 한다. 한 번은 30대 초반의 발표자가 40대 팀장급의 청중을 모아두고 리더십에 대한 발표를 한 적이 있다. 이때 그 발표자가 설정한 캐릭터는 리더십을 바라보며 배우고 있는 겸손한 팀원이었다. 많은 칭찬을 해주었다.

배역은 매우 다양하다. 드라마나 영화, 연극에서 본 구체적인 캐릭터를 떠올려보는 방법이 효과적이다. 그리고 그 캐릭터를 따라 연습하면 크게 어렵지 않다. 아울러 다양한 배역을 소화할 수 있는 유연함도 길러야겠다. 카멜레온처럼 어떤 배역도 소화할 수 있는 배우가 명배우이니까 말이다.

03

좋은 배우의 조건
- 기본기가 없으면 배역을 맡기지 마라

이제는 당신이 연극의 배우를 선정할 차례다. 당신이 공연할 프레젠테이션에 어떤 배우를 선정할 것인가? 당신은 연출가의 입장에서 객관적으로 사람들을 살펴보며 성공적인 프레젠테이션을 위한 발표자의 기본기를 갖추었는지 면밀하게 알아보아야 한다. 연극배우의 조건은 다음의 네 가지로 나누어질 수 있다. 배역에 맞는 적절한 외모, 다양한 표현력, 탁월한 대본 암기력, 풍부한 상상력이 바로 그것이다. 이 네 가지를 프레젠테이션의 발표자가 지녀야 할 조건으로 가져와 본격적으로 비교해 보자.

배역에 맞는 외모: 신뢰감을 주는 옷차림, 단정한 모습

심리학자 폴 왈렌 교수의 조사에 의하면 인간의 뇌는 0.017초 만에 상대방에 대한 호감이나 신뢰 여부를 판단한다고 말한다. 《침묵의 메시지》의 저자 앨버트 메러비안은 첫인상은 2~3초 안에 결정되고 그것을 복구하는 데는 40시간이 걸린다고 말했다. 첫인상의 중요성을 말하는 대목이다.

프레젠테이션 시간이 대략 20분이라 치면 그 시간 동안 뇌가 첫인상에서 내렸던 결정을 바꾸기는 힘들다고 봐야 한다. 따라서 신뢰를 주는 첫인상은 공연의 승패에 지대한 영향을 끼칠 수밖에 없다. 신뢰할 수 있는 표정과 복장이 중요하다. 어떤 복장이어야 하는가? 한때 스티브 잡스의 영향으로 청바지에 면티를 입고 발표하는 것이 유행한 적이 있었다. 자유롭게 입는 것은 좋으나 단정함을 유지하는 것은 신뢰감을 주는 기본이다. 개인적인 생각일 수 있으나 적어도 까만 정장은 아니더라도 캐주얼 정장으로 공식적인 비즈니스 대면관계의 느낌은 가지도록 하는 것이 좋다. 여성의 경우에도 신뢰감을 줄 수 있는 캐주얼 정장 정도로 입어주는 것이 좋다.

게임 개발 고객을 방문할 때가 있다. 게임 개발자들의 옷차림은 매우 자유분방하여 반바지에 슬리퍼를 신는 등 복장이 자유롭다. 아는 지인이 있어 슬리퍼를 신고 반바지 차림으로 발표해도 되겠냐고 물어보았다. "글쎄요. 우리야 여기서 근무하는 사람들이지만 발표하시는 분이 그러시면 좀 곤란할 듯한데요"라는 답변이 돌아왔다.

다양한 표현 능력: 프레젠테이션의 표현 능력

흔히들 발표자는 아나운서와 같이 또박또박 말을 해야 한다고 생각한다. 그래서 발음연습이 기본적인 프레젠테이션 강의 과정에도 들어 있다. 당연히 연습을 해야 되는 부분이다. 말로써 설득하는 것인데 말이 불명확해서는 안 된다. 그러나 그보다 더 중요한 것은 감성을 잘 표현할 수 있는가다. 앞서 말한 배역들을 제대로 소화하려면 순간순간 강조해야 할 포인트에 적합한 감성을 딱 맞게 표현할 수 있어야 한다.

"여러분!(잠시 멈추고, 비장한 표정을 지으며 청중을 바라본다.) 저는 오늘 비장한 각오로 이 자리에 섰습니다"를 말할 때 뉴스 아나운서처럼 말한다면 의지가 제대로 전달이 되겠는가. 말과 표정과 자세가 동시에 그 감성을 표현할 수 있어야만 좋은 배우가 될 수 있다. 한 가지 수사학적인 팁은 형용사와 부사의 사용에 자유롭도록 연습하는 것이다. "오늘은 하늘이 파랗습니다"보다는 "오늘은 유난히 하늘이 깨끗하고 파랗습니다"가 감성을 더욱 드러나게 해준다.

아나운서와 같이 밝은 표정으로 또박또박 말을 하는 발표자가 있다. 참 듣기 좋다. 그러나 설명을 하는 데는 적합하겠지만 설득을 하는 데에는 한계가 있다. 또박또박 발음을 연습하되 감성을 싣는 연습을 충분히 해야 한다.

대본 암기력: 프레젠테이션 발표 대본 암기력

연극을 보는데 남녀 두 주인공이 대본을 들고 읽고 있다고 상상해 보자. 또는 싸이가 노래하러 나왔는데 가사를 쪽지에 적어 보면서 노래한다고 생각해 보자. 생각만 해도 보기 싫은 장면이다. 내용은 전달이 되겠지만 감성전달은 불가능하다.

많은 프레젠테이션 코칭에서 발표 내용을 원고로 적어서 말하라고 하는 경우가 있다. 부득이 한 경우 허용되나 고수의 행동은 아니다. 내용을 빠트리지 않고 말을 할 수는 있겠지만 프레젠테이션의 기본적인 목표인 감동적인 설득은 불가능하다. 20분, 길어야 40분 분량의 내용을 외우는 것은 그렇게 어렵지 않다. 그리고 슬라이드가 함께 있지 않은가.

여기서 대본이라 함은 대사뿐 아니라 억양, 표정, 제스처, 청중에 대한 질문과 예상되는 답변, 유머를 말할 때의 말투, 강조할 때의 눈빛, 한숨소리, 감탄사, 화끈한 클로징멘트, 인사방식, 퇴장방식 등 공연 배우로서의 모든 연기를 다 외우라는 말이다. 그래야만 아름다운 공연을 할 수가 있다. 외우기 위해서는 실전과 같은 리허설이 필요함은 말할 것도 없다.

풍부한 상상력: 청중과의 공감 능력

계속 강조하고 있는 공감력 역시 필요하다. 특히 현장에서의 공연 모습을 생각하며 청중과 호흡을 함께 하기 위해서는 공감에 기반한 풍부한 상상력이 필요하다. 또한 스스로 프레젠테이션에서 배역에 집중하기 위해서도 상상력은 필수적이다. 전체적인 공연 분위기의 연출을 위해서는 발생할 모든 상황을 예측해야 하는데 이때에도 상상력과 공감력이 필요하다. 내가 특정 멘트를 했을 때 청중은 어떤 반응을 보일까도 하나하나 예측해 나가며 공연을 준비해야 한다.

아무리 장수의 전략이 좋아도 병사들의 기본기가 갖추어져 있지 않으면 질 수밖에 없다. 발표자로서 기본적인 능력을 꾸준히 익혀야겠다. 가장 기본이 되는 것은 역시 표현력과 공감력일 것이다.

04

청중과 함께 하는 공연
- 공연은 혼자서 하는 것이 아니다

연극 공연에서는 관객을 적극적으로 무대에 등장시키는 경우가 많다. 예전에는 배우들이 관객석으로 잠깐식 이동하는 것이 전부였으나 지금은 청중을 아예 무대로 끌고 가 하나의 에피소드를 같이 진행하는 방식을 많이 사용한다. 청중이 연극의 직접적인 배우가 되는 것이다. 그 모습을 지켜보는 관객들은 몰입할 수밖에 없다. 이처럼 프레젠테이션도 발표자와 청중이 함께 한다면 더욱 멋진 공연을 만들 수 있다. 전체 흐름의 분위기 조성을 위해 청중만이 해줄 수 있는 역할이 있기 때문이다. 청중의 개입이 없었다면 실패했을 두 가지 사례를 통해 청중의 프레젠테이션 참여가 얼마나 큰 역할을 하는지 확인해 보자.

청중의 반응을 정확히 예측하고 프레젠테이션을 진행한 사례

대형 건설사에 근무하는 박호영 이사는 아파트 재건축 조합원들 앞에서 시행사 유치를 위한 발표를 주로 한다. 문제는 재건축 조합원들이 모이는 자리는 언제나 전쟁을 방불케 한다는 점이다. 매우 큰돈이 걸려 있는 문제이므로 찬성과 반대에 따라 사람들이 언성을 높이고 싸우기도 하고 인신공격도 난무한다. 다음은 그의 말이다.

"프레젠테이션을 시작하면 조합원 중 반대파가 나타나 소리를 지르며 중단시키는 경우가 많습니다. 반대 이유를 하나씩 들어가며 수많은 청중들을 선동합니다. 청중들은 박수를 치며 그의 의견에 공감합니다. 경험이 없는 사람은 무척 당황해하며 프레젠테이션을 강행하려 하는데 그냥 둬야 합니다. 곧이어 찬성파가 나타나 다시 설득을 해주기 때문입니다. 이렇게 찬성파와 반대파가 여러 차례 주고 받으면 청중들 중 누군가 정리를 해줍니다. 일단 들어보고 이야기하자고 말입니다. 그러면 다시 프레젠테이션을 시작하는데 가장 먼저 해야 할 일은 반대파에서 제기했던 궁금증을 조목조목 해결해 주는 것입니다. 대부분 큰돈이 걸려 있어 감정적으로 말씀하시는 경우가 많기 때문에 사실과 다른 억지 주장 또는 오해하는 부분이 많거든요. 이런 찬반 논쟁은 나의 프레젠테이션에서 반드시 필요한 요소입니다. 격앙된 감정을 누그러뜨린 다음에야 설득을 할 수 있으니까요."

이런 찬반 논쟁을 우리는 '스토밍Storming 과정'이라고 한다. 스토밍 과정을 생략하거나 억지로 막을 경우에는 불만의 감정이 잠재되어 있다가 결국 어느 시점에 터지게 된다. 차라리 초기에 폭발하도록 내버려두어 격앙된 감정을 가라앉히는 것이 오히려 낫다. 주로 경합 중일 때 이런 일이 자주 발생하는데, 스토밍은 청중만이 할 수 있는 공연 흐름의 필수적인 요소다. 이런 과정 덕에 다수의 청중들은 이슈가 무엇인지 정확히 알 수 있고, 적극적으로 프레젠테이션을 경청하게 된다.

청중의 적극 개입으로 함께 설득한 사례

또 다른 사례는 새로운 프로젝트 기획을 한 정석훈 과장의 기획 보고 프레젠테이션의 예다. 먼저 최종 결정권자인 이사님과 차 한잔을 하며 슬쩍 의사를 확인하는 과정을 거쳤다. 이사님은 '보수적' 성향으로 새로운 업무 추진에 매우 조심스러워하는 경향이 있다. 대답은 역시 반대였다. 몇 가지 반대하는 이유를 제시하였는데 상사에게 함부로 반박할 수 있는 내용이 아니어서 듣고만 있었다. 최종 프레젠테이션에는 이사님과 동급 레벨의 이군, 즉 이 기획에 찬성하는 분들이 몇 분 참석할 예정이었다. 정 과장은 그분들을 찾아가 도움을 부탁했다. 의사 결정권자인 이사님의 반대 이유에 대해 자신이 반박하는 것은 아무래도 무리일 듯하니 프레젠테이션 때 슬쩍 지원해 달라는 부탁을 하였다.

발표가 시작되자 예상대로 이사님의 반대 이유가 하나둘씩 나오기 시작했다. 정 과장이 미리 부탁한 대로 반대 이유가 큰 걱정거리가 아니라는 설득을 청중인 아군 측에서 하기 시작했다. 이어지는 반대 의견에도 여러 명의 아군들이 적극 개입해 주었고 이사님을 설득해 주었다. 그 덕분에 준비된 내용대로 끝까지 발표를 할 수가 있었고 결국 프로젝트는 계획대로 진행할 수 있었다.

설득은 발표자 혼자서 하는 게 아니다. 청중 중에는 언제나 나의 편이 있게 마련이고 그들은 나와 함께 설득을 이어가는 공연의 동반자다.

청중을 프레젠테이션에 개입시키는 방법

앞의 두 사례는 청중의 개입이 없으면 성공하기 매우 힘든 경우였다. 혼자서 설득하지 않고 청중과 함께 설득하였기 때문에 가능했던 사례였다. 청중의 개입방법에는 다음과 같은 두 가지가 있다. 잘 알아두고 현장에서 활용하기 바란다.

1. 직접 요청하기
청중 중에 아군이 있다면 시도해 본다. 단 믿을 만한 사람이어야 한다. 주로 특정 멘트에서 맞장구를 쳐달라거나, 필요한 시점에 질문을 해달라는 도움 요청을 직접 하는 것이다. "제가 알려드려야 할 게 있는데 프레젠테이션에 내용을 넣기는 부담스럽습니다. 발표 중에 이맘때 질문을 좀 해주시면 제가 자연스럽게 답을 하겠습니다. 부탁을 드려도 될지요?"라는 식으로 개입을 부탁한다. "제가 이 지점에서 큰소리로 이야기하고 잠시 멈추겠습니다. 이때 박수를 좀 유도해 주실 수 있으신지요?" 등이다. 긍정적 분위기 유도가 필요할 때 활용한다.

2. 질문으로 참여시키기

주로 청중과 자연스럽게 질문과 대답을 해나가면서 예상되는 답변을 얻어 프레젠테이션을 진행하는 방식이다. "자, 여러분 대한민국의 직장인 수가 몇 명인지 아십니까? 대충 한 번 맞춰보시죠. 아시는 분?" 이런저런 대답이 이어지고 근소하게 맞춘 사람이 나타나면 그다음을 진행하는 방식이다. "그렇습니다. 1,600만 정도입니다. 그렇다면 그중에 남녀의 비율이 얼마일까요?" 등이다. 그냥 발표자료에 넣어버릴 수도 있겠지만 상호소통이라는 측면에서 효과적이다. 청중의 집중을 이끌어낼 수 있고 청중 스스로 내용에 대해 생각할 수 있도록 유도해 설득 과정이 부드럽게 이어질 수 있기 때문이다.

질문의 유형에는 두 가지가 있는데 하나는 앞선 예처럼 답을 받아야만 그다음을 진행할 수 있는 내용과 답을 기대하지 않고 생각만 유도하는 질문이 있다. 예를 들어 "여기 그래프에 나타난 10%의 사람들의 심정은 어떨까요?(잠시 침묵)" 같은 경우다. 둘 다 직·간접적으로 청중을 개입시키는 질문 방식이다. 단 답을 받아야 하는 질문은 단답형 질문이어야 한다.

프레젠테이션 구성의 세 요소는 발표자, 청중, 장소다. 공연의 목표를 이루기 위해서는 세 요소 간의 유기적인 소통이 필요하다. 발표는 혼자서 하는 것이 아니다.

05

완벽한 연출
- 모든 상황을 장악하라

공연 연출가는 공연의 준비부터 진행 및 마무리까지 모든 상황을 모니터링하고 컨트롤해야 한다. 어떤 돌발 변수가 나타날지 모르기 때문에 항상 촉각을 곤두세워 예의 주시하고 있다가 문제 발생 시 빠르게 대처해 전체 흐름을 원하는 방향으로 이끌어가야 한다.

발표자 또한 여러 가지 발생 가능한 상황을 미리 점검하고 예측해야 한다. 현장의 갑작스런 변화에 당황하면 절대 안 된다. 차분하게 상황을 판단하고 순간적으로 새로운 연출을 시도해야 한다. 여기서는 일반적으로 나타나는 돌발 변수들의 처리 과정을 몇 가지 담아 구체적으로 설명하고자 한다.

도착해 보니 준비한 내용이 맞지 않을 때

청중의 정보와 요청사항을 토대로 준비한 내용인데 막상 발표 직전에 내용이 변경되었을 경우 매우 당혹스럽다. 주로 발표를 요청한 고객사의 담당자가 추가 내용을 요청하거나 내부사정 변화로 내용변경을 요청하는 경우다. 미리 말해주지 않은 것이 야속하지만 그도 그럴 만한 사정이 있었으리라 짐작하고 침착히 대응해야 한다. 예를 들어 "오늘 전무님께서 갑자기 참석하시는데 전에 어디서 보셨는지 그 내용을 추가해 달라고 요청하십니다. 어쩌죠? 가능하실까요?"라는 식이다. 원칙적으로 무조건 Yes로 진행해야 한다. 왜냐하면 첫째, 담당자가 미안해하면서도 굳이 부탁하는 것으로 보아 그분은 의사 결정권자일 가능성이 크고, 둘째, 갑자기 어디선가 본 그것은 그분의 직급상 우리가 보지 못한 문제해결의 답일 수 있기 때문이다.

우선 당장 설명할 수 있는 부분이 어디까지인지 머리 속으로 판단해야 한다. 그리고 가지고 있는 자료들을 빠르게 찾아야 한다.

발표가 진행되면 그것에 대한 발표를 가장 먼저 시작해야 한다. 왜냐하면 그 전무님은 그것만을 기대하고 있기 때문에 앞에서 의구심을 풀어줘야만 뒤의 내용을 들을 수 있기 때문이다. 아니면 발표 내내 그 내용만을 기다리고 있을 수 있기 때문이다.

문제는 '갑작스런 내용을 만족스럽게 설명할 수 있는가'일 텐데 가능한 부분까지 설명하고 자료를 더 보충하여 다시 찾아뵙겠다는 약속을 하면 문제될 것이 없다. 다행인 것은 만약 철저히 준비를 했다면 그가 어디선가 본 그것 이외에도 우리가 준비한 내용 중에 답이 있을 수 있다는 점이다.

청중이 부정적으로 흐름을 주도하려 할 때

발표 진행 중에 청중이 부정적인 지적을 시작하거나 반대의견을 다수 청중 앞에서 표현하는 경우가 종종 있다. 일단 그의 표현이 다수의 청중이 궁금해하는 것이고 의사결정에 중대한 부분이라고 생각된다면 그 자리에서 해결하는 것이 낫다. 앞선 글에서의 스토밍 과정이기 때문이다.

그러나 판을 깨려는 악의적인 질문으로 파악이 된다면 반드시 막아야 한다. 악의적인 질문은 주로 경쟁사에서 그 청중에게 미리 알려주었을 가능성이 크다. 한 번 악의적인 질문을 했다면 아마도 몇 가지 더 숨기고 있을 가능성이 크기 때문에 초기에 차단해야 한다. 이때 절대로 맞대응하면 안 된다. 상대는 논쟁을 단단히 준비한 상태이며 내가 대응하기를 기다리고 있기 때문이다. 슬쩍 논쟁을 무마시켜야 하는 데 가장 좋은 방법은 인정이다. 예를 들어 "이런 부분은 경쟁사 제품보다 많이 뒤지지 않습니까?" 하고 구체적으로 나올 수도 있다. 그럴 땐 이렇게 답하는 것이 좋다.

"아 맞습니다. 좋은 의견 감사드립니다. 우리 제품에 대해 장단점을 많이 알고 계시네요. 많이들 그렇게 생각하고 있고 우리 또한 그 점을 개선하려 노력하고 있습니다. 감사합니다."

참고로 악의적 질문자는 대체로 다음과 같은 모습을 보인다. 발표 내용에 집중한다. 불편한 질문을 자주 한다. 그러다 수시로 문자를 주고받는다. 발표 도중 밖으로 나갔다가 다시 들어오는 것을 몇 차례 반복한다. 누군가와 계속 논의하고 있다는 말이다.

발표하다 보니 관심사항이 다른 것일 때

열심히 준비를 했으나 간혹 발표 도중에 청중의 관심사항이 달라지는 경우가 있다. 정보 파악이 잘못되었거나 도중에 청중이 발표를 듣다가 자신이 원하는 것과 다르다는 것을 알아차린 경우다. 확연히 관심사항이 변했다고 판단될 경우에는 그쪽으로 내용을 변경할 필요가 있다. 단 발표자의 빠르고 정확한 판단이 필요하다. 준비한 내용이 더 이상 청중의 관심사항이 아니고 새롭게 제기된 내용이 실제 관심사항이라는 것이 명확해지면 준비된 내용을 군이 끝까지 가져갈 필요가 없다. 사실대로 양해를 구하고 보여줄 수 있는 청중의 새로운 관심사항에 포커스를 두어 다음과 같이 말한다.

"아. 이쪽이 주 관심분야이군요. 좋습니다 그럼 준비해 온 내용보다는 그 쪽을 먼저 보여드리겠습니다. 일단 가지고 있는 내용으로 설명드리고 부족한 부분은 나중에 다시 세부내용으로 전달드리겠습니다."

만약 판단이 명확히 서지 않을 때는 이렇게 물어보는 것이 좋다.

"뒤쪽에 이런저런 내용들을 준비를 했는데 말씀하신 내용으로 바로 넘어가는 게 좋을까요?"

앞의 발표자가 너무 길게 발표하여 내 시간이 부족할 때

절대로 하지 말아야 할 것이 시간을 넘기는 것이다. 시간을 넘긴다는 것은 준비를 안 했다는 의미이고 배려심과 공감력이 떨어지는 것을 의미하기 때문에 설득은 불가능할 것이고 내용은 안 봐도 뻔하다. 어쨌거나 내 앞의 누군가가 시간을 훌쩍 넘겨버리면 어쩌겠는가? 일단 분위기상 앞의 발표자가 질질 끌 것으로 예상이 되면 아래와 같이 빠르게 대처한다.

1. 사회자가 있다면 사회자에게 내가 확보할 수 있는 시간을 상의한다. 사회자의 가장 큰 역할이기도 한데 앞뒤 발표자에게 빠르게 의견을 타진해 시간 배분을 다시 해야 한다.

2. 최대한 확보된 시간을 계산하고 나의 슬라이드 중 뺄 수 있는 것을 머릿속에 떠올린다. 과감하게 제거하고 새롭게 연결되는 슬라이드 간의 연결 멘트를 재정비해야 한다.

3. 하지 말아야 될 것:

① 준비된 슬라이드에 맞춰 말을 빠르게 하기: 이도저도 아니다. 원래 속도로 정확히 말해야 한다. 발라드 곡을 두 배로 재생한들 무슨 감동이 있겠는가.

② 내 잘못 아니니 내 시간을 그대로 지키기: 내 뒤에 누군가가 있다면 그 사람의 심정은 어떻겠는가? 또한 행사 전체가 엉망이 되어버릴 수 있다. 원인을 누가 제공했건 같은 발표자의 입장에서 배려해 주어야 한다.

③ "앞에서 시간을 너무 써서서 준비된 내용을 제대로 말하지 못했습니다" 라는 말: 청중은 이미 알고 있다. 시간을 질질 끄는 앞사람의 발표 내내 매우 지겨웠을 것이고 당신의 짧은 발표가 오히려 만족스러울 수 있다. 과감하게 마무리하고 마치는 것이 좋다. 뿐만 아니라 행사를 진행했던 많은 사람들이 고마워할 것이다.

예상했던 청중의 구성이 아닐 때

막상 발표장에 도착했을 때 인원수가 예상보다 적거나, 많거나 또는 의사 결정권자나 영향권자가 급한 사정으로 빠져버렸을 수 있다. 인원수가 예상과 다를 때는 최선을 다해 준비한 대로 진행하면 큰 문제가 없다. 주의할 점은 많을 때는 문제가 없겠으나 예상보다 너무 적은 숫자의 청중이 들어왔다고 해서 난처해 하거나 우물쭈물 하면 안 된다. 참석한 사람들이 미안해할 수 있기 때문이다.

사람의 많고 적고는 사실 문제가 되지 않는다 그 안에 의사 결정권자나 영향권자가 있으면 한 명이라도 소중하니까 말이다. 문제는 키 맨이 빠져버렸을 때이다. 그대로 진행하되 청중 중 누군가가 발표 내용을 키 맨에게 나중에 전달할 수 있도록 장치를 마련해야 한다. 마련할 수 있는 장치는 추후 별도의 약속을 잡거나 자료를 알기 쉽게 편집하여 전달해 두는 정도가 좋다.

시스템에 에러가 발생했을 때

양해를 구하고 빠르게 복구를 시도한다. 주의할 점은 당황하거나 난처한 표정을 보이지 않도록 해야 한다. 발표자의 태도에 따라 청중의 마음도 흔들리기 때문이다. 여유롭게 농담 등을 하면서 시간을 벌어야 청중이 그 자리에 계속 앉아 있을 수 있다. 도저히 복구가 불가능한 상황이 있을 수도 있다. 그런 경우 필자는 칠판에 준비했던 슬라이드 내용을 써가며 발표를 하기도 했다. 어쨌거나 끝까지 준비한 내용을 마무리하고 끝내는 것이 좋다. 왜냐하면 청중은 '이미 발표한 것'으로 기억하기 때문에 다음을 기약하기가 쉽지 않기 때문이다.

프레젠테이션을 많이 하다 보면 온갖 경우의 변수들이 발생하게 마련이다. 느긋한 마음으로 대처하면 크게 문제될 것이 없다. 단, 성공적인 공연은 연출가의 사전 점검과 철저한 대비로 변수를 최소화하여야 가능하다는 사실을 명심하자.

06

실전 같은 연습
- 프레젠테이션의 중심은 발표자다

'연습은 실전처럼, 실전은 연습처럼'이라는 말이 있다. 아무리 바빠도 리허설을 반드시 해야 한다. 오바마 미국 전 대통령은 연설 전 리허설을 철저히 하는 것으로 알려져 있다. 당신이 아무리 바빠도 오바마보다 바쁘겠는가. 할 것은 해야 한다.

리허설의 목적

리허설의 궁극적인 목적은 발표자의 자신감 획득이다. 내용의 점검, 슬라이드 표현 점검, 언어 사용의 점검, 단어 점검, 시간 체크 등은 발표자의 자신감 획득을 위한 도구임을 잊지 말아야겠다. 발표자의 자신감은 주장의 확신에서 비롯되는데 발표자 스스로가 확신을 못한다면 어느 누구도 설득하지 못한다. 확신은 자신감으로 이어지고 자신감은 폭발적인 표현력으로 나타난다. 오바마 전 대통령의 확신에 찬 연설 장면을 생각해 보자. 스스로 확신이 없으면 그런 열정적 표현은 나올 수가 없다.

연극 연출가의 임무 중 하나는 리허설 횟수를 최소화시키는 것이다. 리허설 횟수가 중요한 것이 아니라 질이 중요하다는 의미일 것이다. 리허설 전, 리허설 중, 리허설 뒤에 해야 할 일들을 살펴보자.

리허설 전 발표자가 해야 할 일

1. 발표 시간은 5분 줄여 연습한다

고시에 합격한 사람들의 필승 기법 중에 널리 알려진 것은 항상 실제 시험시간보다 5분 줄여 문제를 풀어보는 연습을 하는 것이다. 어떤 상황이 펼쳐질지 모르기 때문이다. 프레젠테이션에서도 적용할 수 있는데 발표자는 자신의 발표시간보다 5분 줄여 끝마치는 연습을 해야 한다. 시간을 줄여 연습하는 것은 두 가지 효과가 있는데 발표 시간을 정확히 맞출 수 있다는 점과 시간이 줄어들기 때문에 핵심적인 내용만을 골라낼 수 있다는 장점이 있다. 단 다시 한 번 강조하지만 말을 빠르게 해서 줄이는 것은 의미가 없다.

2. 모든 대본은 반드시 외운다

모든 대본은 반드시 외워서 간다. 대본을 들고 읽는 것은 리허설이 아니다. 프레젠테이션은 연극과 같아서 모든 말, 표정, 상황들이 연출에 따라 흘러가야 한다. 다행히 슬라이드가 있으므로 슬라이드를 보면서 말하고자 하는 내용을 모두 외워서 리허설을 진행한다. 외우라 함은 대사를 외우라는 것이 아니라 표현 전체를 외우라는 말이다. 혼자서 연습하건 누군가를 앉혀놓고 연습하건 녹화를 해서 보건 모든 대본을 숙지한 후에 리허설에 참가한다.

리허설에서 해야 할 일

1. 최대한 실제와 같은 환경에서 진행한다

최대한 동일한 환경으로 장소를 세팅하고 진행한다. 그래야만 일어날 수 있는 상황을 점검할 수 있다. 컴퓨터 모니터를 보며 리허설하는 경우가 있는데 먼 거리에서 화면의 글이 보이는지는 모니터만 봐서는 알 수가 없다. 오바마 전 대통령의 리허설에서는 참가할 VIP들의 대역들이 이름판을 목에 걸고 앉아 있었다고 한다. 그만큼 실전처럼 한다는 의미다.

리허설 참가자 중 누군가는 가장 뒷자리에 앉아 화면을 살펴보는 역할도 수행해야 한다. 또 누군가는 의사 결정권자와 영향권자의 역할을 해주는 것도 필요하다. 예상되는 질의응답을 작성하는 것도 필요하다. 만약 청중의 성향이 파악되었다면 유사한 인물을 초청하여 의견을 물어보는 것도 필요하다.

2. 연출된 모든 것을 점검한다

실제와 같은 환경에서 전체적인 모든 연출 사항을 체크한다. 입장, 인사말, 청중의 반응, 예상되는 질문과 대응법 등을 실제와 같이 체크한다. 유머 멘트 및 청중의 반응, 질문했을 때의 청중의 응답 등을 그대로 진행해 보고 어색한 것은 수정한다. 리허설에 참석한 사람들은 돌발 상황도 적절하게 만들어주는 것이 좋다.

3. 발표 내용을 바꾸는 자리가 아니다

리허설 시에 발표내용에 대해 이것저것 지적하는 경우가 있다. 간단한 수정사항 같은 제안이야 필요하겠지만 전반적인 내용을 지적하는 것은 금물이다. 내용에 대한 의견 조율은 리허설 전에 시나리오 구성단계에서 해야 한다. 굳이 리허설 중에 발표 내용을 이래라저래라 해서는 안 된다. 리허설의 목적은 발표 내용의 수정이 아니라 현장감을 주어 발표자의 자신감을 높이는 것이라는 점을 잊지 말아야 한다. 리허설 시에 발표 내용을 바꾸어버리는 행위는 발표자의 자신감을 떨어뜨리는 만행이다.

4. 발표자가 모든 것을 결정한다

싸움의 중심은 장수이고 장수가 모든 것을 결정한다. "병사들이여 저쪽으로 돌격!"이라고 장수가 말하는데 왕이 와서 "그쪽 말고 이쪽으로!"라고 한다면 어떻겠는가. 흔히 벌어지는 현상인데 발표자보다 높은 직급의 상사가 리허설에 참석하여 이런 실수를 자주 한다. 간혹 발표자에게 불편한, 익숙하지 않은 내용을 담으라고 요구하는 상사가 있는데 당당히 거절해야 한다.

예를 들어 유머 감각이 없는 발표자에게 팀장이 "앞에 농담을 좀 넣어. 처음에 유머를 섞어 줘야 청중들이 집중할 수 있어. 그게 발표의 기본이야"라고 주문한다면 당신은 어떻게 하겠는가? 당장 유머 감각을 키울 것인가? 만약 익숙하지 않다면 당당히 거절해야 한다. 발라드 가수에게 트로트를 부르라는 것과 같다. 엉망인 노래가 되지 않겠는가.

발표내용은 발표자의 스타일에 맞게 개발되어 있게 마련이다. 리허설에 참석하는 사람들은 의견을 말해줄 뿐 결정은 발표자가 하게 해야 한다. 프레젠테이션의 모든 결정권한은 발표자에게 있음을 서로 명심해야 한다.

리허설 뒤에 할 일

수정된 내용의 숙지 및 연습 그리고 자신감 획득

리허설을 한 뒤에는 리허설에서 나왔던 개선사항을 취사선택한 후 자신에게 맞지 않는 것은 과감히 버려야 한다. 선택권은 발표자에게 있으니까 말이다. 그러고 나면 최종적으로 수정된 대본을 가지고 연습하는 것만이 남는다. 잊지 말아야 할 것은 자신의 설득에 대한 확신과 자신감이다.

프레젠테이션의 끝내기, 판 뒤집기
- 어떻게 상황을 승리로 끝낼 것인가?

01

승리는
또 다른 승리의 밑거름이 된다

지금까지 프레젠테이션의 고수들의 비법 공감력, 구성력, 연출력에 대해 살펴보았다. 그리고 현재 같은 표현의 시대에 프레젠테이션 능력이 개인의 발전에 얼마나 중요한지도 살펴보았다. 경험보다 뛰어난 스승은 없다는 말처럼 많이 해보아야만 능력을 향상시킬 수 있다. 우선 자신이 지금까지 했던 프레젠테이션을 떠올려보고 앞에서 본 모든 내용들을 적용해 보면 큰 도움이 될 것이다. 그리고 앞으로 벌어질 프레젠테이션에 앞서 배운 내용을 적극적으로 반영해 보기 바란다.

"전에 발표하신 대로 발표해 주시면 될 것 같습니다"라는 말을 많이 듣는다. "알겠습니다"라고 이야기하지만 전에 발표한 경우와 같은 경우는 절대로 있을 수가 없다. 다시 한 번 모든 과정을 처음부터 주의 깊게 살펴보아야 한다. 그럼에도 불구하고 프레젠테이션을 준비하다 보면 '이런 상황에서 고수들은 어떻게 했을까?'가 궁금할 때가 많다. 누군가 해답을 알려주면 좋겠건만 처한 상황이 같을 수가 없으니 알아볼 방법이 없다.

아쉽게도 실제 전쟁 같은 프레젠테이션 승리 사례를 어디서건 찾기가 힘들다. 주로 발표자세, 슬라이드 작성법의 내용이 대부분이다. 아마도 너무나 다양한 상황이 펼쳐지기도 하고 사례들이 모두 전문적인 분야이어서 그럴 것이다. 그래서 결국 쓸 수 있는 사례는 TED 발표 사례나, 스티브 잡스와 같은 유명인의 발표 사례로 국한된다.

이에 5장에서는 여러 프레젠테이션 고수들을 통해 수집한 '나의 프레젠테이션 중 가장 기억에 남는 명승부'를 모아 에피소드 형식으로 정리했다. 모두 전쟁 같은 상황에서의 승리다. 영업 프레젠테이션의 경우 수억에서 수십억의 딜인 경우이고, 평가 프레센테이션의 내용은 승진 및 인사고과의 높은 점수를 받은 케이스다. 모두 쟁쟁한 고수들의 살아 있는 사례인 만큼 정성껏 읽어주길 바란다.

경쟁 프레젠테이션은 발표자에게는 참으로 부담스럽고 고통스러운 일이다. 그러나 치열하고 험난한 경쟁에서 승리하게 된다면 그 감동은 이루 말할 수가 없다. 모두의 축하 속에 환호성을 지르게 되고 명예의 상승과 경제적 보상도 이어지게 마련이다. 특히 영업 프레젠테이션을 발표의 유형 중 가장 높은 단계로 이야기한다. 규모가 큰 딜일수록 쟁쟁한 경쟁사와 내로라하는 발표자들이 참여하게 되기 때문에 내가 속한 조직에서 만약 발표자로 채택이 된다면 영광이라 생각해도 좋을 것이다. 모두가 우리의 대표로 나를 선택한 것이기 때문이다. 자긍심을 갖고 발표에 임해야 하겠다. 평가 프레젠테이션, 보고 프레젠테이션, 대중 프레젠테이션 또한 영업 프레젠테이션과는 다른 모습일 수 있으나 경쟁이라는 공통점이 있다. 그리고 언제나 승리해야 한다. 따라서 고수들의 승리의 사례를 분석해 자신의 경쟁력을 높일 수 있도록 하자.

각 내용에는 고수들이 말하고자 하는 메시지와 그에 맞는 에피소드를 실었다. 아래는 에피소드를 읽을 때 고려했으면 하는 내용이다.

자신의 상황에 응용

어떠한 경우도 동일한 상황이 있을 수는 없을 것이다. 그러나 우리가 역사를 공부하는 이유와 같이 유사한 상황은 반복될 것이고 고수들의 승리를 기억하고 있다면 판단에 도움을 줄 수 있을 것이다. 지금 겪고 있는 또는 앞으로 겪을 수 있는 유사한 상황이라 생각하고 자신의 발표 스타일과 자신이 처한 환경을 고려하여 응용하면서 읽어주기를 바란다.

발표자의 입장

모든 에피소드를 발표자의 1인칭 관점에서 작성하였다. 모두 현업에 종사하는 분들이기 때문에 에피소드에 등장하는 발표자 및 고객사 이름을 가명으로 처리했음을 양해 바란다. 또한 내용에서 업종의 전문적인 내용은 모두 생략하였다. 그리고 발표자가 속한 조직을 A사, 경쟁사를 B사로 표기하였다. 1인칭 시점으로 쓴 이유는 실제로 발표자가 되어 그가 고민한 내용, 준비한 내용 및 그의 느낌을 간접적이나마 현장감을 살려 생각해 주길 바라는 의미에서다.

공감력, 구성력, 연출력의 관점에서 바라보기

에피소드에는 다양한 사례에서 펼쳐진 고수들의 비법인 공감력, 구성력, 연출력이 살아 있다. 모든 사례에서 고수들은 본능적으로 이 세 가지 능력을 발휘한다. 에피소드 과정 중에는 이를 구분하지 않고 서술하였다. 읽으면서 스스로 찾아보기 바란다. 에피소드가 끝난 다음에는 저자의 관점에서 에피소드를 통해 알았으면 하는 내용을 노트로 요약 정리해 두었다. 또한 사례를 일반화하여 유사한 상황에서 대처할 수 있도록 정리해 두었다.

장수다운 면모 살펴보기

고수들을 살펴보면 장수다운 면모가 나타난다. 에피소드에 등장한 여러 사람들과의 관계, 리더십, 경쟁사 사람들과의 관계, 청중과의 관계에서 각 고수들의 장수다움을 살펴볼 수 있다. 도道, 천天, 지地, 장將, 법法을 가지고 있는지 확인해 보는 것도 재미있는 포인트가 될 것이다.

승리한 사례는 또 다른 승리의 밑거름이다

1905년 러일전쟁 중 쓰시마 해전에서 일본은 완벽한 승리를 거두었다. 전투 결과 러시아 함대는 전함 6척을 포함한 16척이 격침되고, 5척이 자침했으며, 6척이 나포되고, 6척이 중립국으로 도피하였다. 또한 해군 5,000명가량이 전사하고 지노비 로제스트벤스키 제독을 포함한 6,000명 이상이 포로로 잡혀 총 1만 명 이상의 피해를 입었다.

이에 비해 일본군의 피해는 어뢰정 3척이 침몰하고 1,000명가량의 사상자 발생에 그쳤다. 이 해전을 이끈 도고 헤이하치로가 사용한 전법은 놀랍게도 이순신 장군의 '학익진'이었다. 그리고 "나를 전쟁의 신이자 바다의 신이신 이순신 장군에게 비유하는 것은 신에 대한 모독이다"라는 말을 남겼다. 누군가의 승리를 분석하는 것은 매우 유익한 일이다. 부디 고수들의 승리 사례가 또 다른 승리의 밑거름이 되길 바란다.

02

짜릿한 승리,
외통수란 이런 것이다

매우 열세인 상황에서 승리를 이끌어내는 것은 언제나 짜릿하다. 그리고 그것은 하나의 멋진 영웅담이 된다. 그러나 그것을 준비하는 과정은 매우 고통스럽고 힘든 시간이다. 객관적으로 포기해도 될 만큼 절대적으로 열세인 상황에서 발표자가 되었을 때 당신은 두 가지 선택을 할 수 있다. 그냥 포기하거나, 최선을 다해 뒤집어버리거나. 포기한다고 해서 뭐라고 할 사람은 없다. 그러나 패했다는 기록은 남는다. 뒤집어버리기 위해서는 엄청난 에너지가 소비된다. 가능성도 매우 낮다. 만약 당신이라면 이런 상황에서 어떤 결정을 내리겠는가? 여기 한 명의 고수가 최악의 상황에서 승리한 에피소드를 통해 그 해법을 찾아보자.

이 에피소드는 한 글로벌 조선기업과 관련된 이야기다. 조선기업과 관련하여 여러 소문이 들린 것은 이미 상황이 벌어진 지 몇 개월이 지난 뒤였다. 국내 굴지의 발해기업 임원이 조선기업으로 자리를 옮겼다.

문제는 그 임원은 발해기업에서 우리의 경쟁사인 B사의 열렬한 옹호자였다는 것이다. 아예 그 사람은 'B사의 직원이다!'라고까지 소문이 나 있는 상태였다. B사의 모든 성공사례 행사, 기술 세미나 등에 언제나 발표자로 나섰고 발해기업은 B사의 제품으로 거의 도배가 되어 있는 상태였다. 조선기업으로 자리를 옮겼을 때 그가 가장 먼저 추진한 것은 예상대로 B사가 가진 제품을 조선기업의 전사 표준으로 삼으려는 움직임이었다.

우리 회사인 A사 및 강력한 B사 외에도 조선기업에서는 다양한 다른 경쟁사의 제품들도 사용 중이었으나 B사로의 전사 표준, 즉 천하통일을 향한 움직임은 막을 방법이 없어 보였다. 업계 모든 사람들이 "아. 조선기업도 그 임원이 B사 제품으로 전하통일을 하겠구나"라고 한숨 쉬며 이야기할 정도였으니 말이다. 나와 우리 회사 팀원들 또한 마찬가지여서 이러지도 저러지도 못하는 상황이었다.

후보군은 총 네 개로 조선기업에서 지목하였다. 그런데 우리 회사가 그 후보군에서 빠져 있었다. 당장 고객사의 담당자에게 항의 전화를 하였다. 그 임원이 A사는 초청하지 말라고 지시하였단다. 그 이유는 지금도 잘 모르겠다. 어쨌거나 우리 회사를 제외한 채 경쟁은 시작되었고 몇 개월의 시간이 흘렀다. 알아본 바 예상대로 나머지는 다 낮은 점수로 탈락이 확실시되고 있었고, 문제의 B사만이 독주하고 있는 상황이었다. 상황은 점점 B사로 결론이 나고 있었다.

조선기업에도 다행히 우리 회사 제품을 사랑해 주는 아군이 있었다. 그 아군으로부터 전화가 왔다.

"다음 주면 조선기업의 표준은 B사 제품으로 확정됩니다. 무슨 방법이 없겠습니까? A사 제품을 사용하는 사람들도 많은데 도와주셔야죠. 너무 손 놓고 있는 거 아닙니까?"

고마운 아군이었다. 정말 고마웠다. 한편으로는 미안하고 부끄러웠다. 나를 포함해 우리 회사 팀원들은 이미 짜인 시나리오라고 믿고 포기하고 있던 차였다. 그러고 보면 어떠한 경우에도 우리의 아군은 존재한다. 아군을 어떻게 도와줄 것인가?

"네 진심으로 감사드립니다. 저희가 최선을 다하지 못한 것 같아 부끄럽기 그지없습니다. 일단 발표 기회를 잡아야겠는데요. 가능할까요? 우리 회사는 공식적으로 요청도 없어서 난감합니다."

"그렇지 않아도 가까스로 발표 시간을 잡았습니다. A사 제품도 사용하는 곳이 많은데 왜 검토를 안 하느냐? 이렇게 끝나버리면 A제품 사용자들의 반발이 클 거라고, 형식적으로라도 발표 한 번은 시키는 게 좋겠다고 했더니 날이 잡혔습니다. 그런데 모레입니다. 시간은 그 임원분이 바빠서 20분만 보시겠다네요. 발표를 하면 이길 수 있겠습니까?"

"이틀 후요? 고작 20분이요?"

"필요 없다는 것을 억지로 설득했습니다. 최선을 다해주십시오."

이틀 후면 팀 구성도 어려웠다. 그리고 이 게임은 이미 진 것으로 간주되기 때문에 선뜻 나설 사람도 없었다. 급하게 팀 회의가 열렸고 예상대로 다들 슬슬 빠지는 모습이었다. 누군가 현재 상황을 비판하기 시작했고 책임 추궁까지 나오기 시작했다. 점점 언성이 높아졌다. 어쨌거나 누군가는 발표를 해야 하고 만장일치로 내가 그 짐을 지게 되었다. 고객에게서 연락이 왔으니 최선을 다해야 했다.

같이 작업할 사람은 누구여야 할까? 전쟁터에는 나가야 했고 혼자할 수도 없는 일이었다. 주어진 기회는 딱 20분이었다. 청중과 레벨을 맞추어야 하니 우선 상무님께 동행을 요청드렸다. 그리고 고맙게도 몇 명이 팀에 합류에 주었다. 질 것이 뻔해 보이는 싸움에 말이다.

이틀 후다. 무엇을 내용에 담아야 하는가? 고민에 고민이 이어졌다. 더욱이 청중은 그저 형식적으로 20분만 시간을 내어주는 것일 뿐이다. 듣지도 않을 가능성이 크다.

"너무 고민 마시고 대충 하시지요. 모두 다 안 될 거라 하니 부담도 없지 않습니까?"

팀원 한 명이 나를 위로하는 말을 해주었다. 그렇긴 했다. 실패한다고 비난받을 상황은 아니었으니까. 그러나 적진에 우리만을 기다리고 있는 아군이 있지 않은가? 당장 전화를 걸었다.

"솔직히 말씀드리겠습니다. 죄송합니다만 지금 그쪽 상황을 제대로 알지 못합니다. 가능한 범위에서 있는 대로 말씀 좀 해주십시오."

아무리 친한 고객이라도 기업 내부의 사정을 함부로 이야기해 주는 것은 조심스럽다. 그럼에도 불구하고 솔직하게 도움을 요청하였더니 비교적 상세하게 설명해 주었다. 여러 가지 진행 상황에 대한 내용을 들을 수 있었고 조직 내의 정치적 관계까지 알 수 있었다. 발해기업에서 온 임원이 강하게 밀어붙이고 있었고 아무도 반대할 명분을 제시하지 못하고 있는 상태였다. 노골적으로 B사 제품이 최고이고 발해기업도 사용 중이며 전 세계적으로도 B제품이 대세라는 것이 그 임원의 주장이었다.

그리고 마지막으로 아군이 던진 말을 나는 아직도 잊을 수가 없다.

"어떻게든 우리가 싸울 수 있는 명분만 던져주십시오. 판만 흔들어 놔주십시오."

'판을 흔들어야 한다고? 무엇으로?'

나는 깊은 생각에 잠기기 시작했다. 우리 회사 소개와 제품 자료야 널리고 널렸다. 누구보다 잘 설명할 자신이 있었다. 그러나 20분간 그런 걸 했다간 승산이 당연히 없을 터였다. 더군다나 청중들은 아예 들을 생각으로 참여하는 것도 아니기 때문에 첫 슬라이드에서 시선을 잡지 못하면 그냥 20분이 지나가고 말 것이었다. 눈을 감고, 귀를 막은 청중에게 무엇을 보여주란 말인가?

시간은 흘러가고 내용은 손도 못 대고 기술잡지 책만 넘기고 있던 차에 기가 막힌 것을 발견했다.

시장점유율!

잡지책에 나와 있는 시장점유율은 분명 우리 회사 제품이 B사 제품보다 훨씬 높았다.

"그래. 이걸로 흔들어보자."

곧바로 팀을 소집하여 전 세계 각국의 시장점유율 중 써먹을 만한 내용을 찾기 시작했다. 프랑스, 미국, 러시아, 일본 등 시장점유율 그래프가 여기저기서 쏟아졌다. 대동소이하지만 우리 회사 제품이 B사 제품보다 높았다. 그중 의미 있는 세 개의 시장점유율 그래프를 뽑았다. 문제는 이 그래프가 과연 공신력이 있는가 하는 것이었다. 그러나 어쩌겠는가. 시간도 부족할뿐더러 일단 승부수를 던질 수밖에 없었다.

그리고 슬라이드가 작성되기 시작했다. 첫 페이지는 당연히 시장점유율이었다. 첫 페이지가 제발 그들의 눈을 뜨게 해주길 바라는 간절한 마음으로 자료를 작성해 나갔다.

발표 날, 회의실에서 빔 프로젝터를 설치하고 참가한 5명의 조선기업 관계자들과 인사를 나누었다. 아군이 두 명으로 판단되었다. 2시가 되자 조선기업 임원이 회의실로 들어왔다. 전원 일어서서 인사를 하려 했으나 "자, 시작합시다"라는 말이 들렸다.

바로 시작이었다. 벌써부터 시계를 보기 시작했다.

"좋은 기회를 주셔서 감사드립니다. 먼저 우리 회사 제품의 시장경쟁률로 시작할까 합니다. 보시다시피 시장에서 아주 좋은 평을 받고 있습니다. 한국, 프랑스, 미국 세 곳의 시장점유율을 보시면 우리 회사 제품이 차지하는 비율은 각각 35%, 38%, 36%입니다. 여러 경쟁사 중 상대적으로 가장 높은 점유율입니다. 왜 이런 점유율을 가지게 되었는지 저희가 분석한 세 가지 요소만 말씀드리겠습니다."

참고로 그래프상 B사 제품의 시장점유율은 각 나라별로 7~12%대였다. 성공적이었다. 나는 B사 제품의 시장점유율을 언급하지 않았다. 우리 회사의 점유율만을 이야기했을 뿐이다. 그러나 그 자리에 있던 참가자들은 그들이 선택하려는 B사의 낮은 시장점유율을 볼 수밖에 없었다. 모두들 눈이 커졌다. 그 임원도 시계를 보는 대신 그래프의 수치를 읽기 시작했다. 당황하는 표정이 역력했다. 흔들었다는 확신이 들었다. 나머지 내용은 차별화된 요소 세 가지만 뽑아 강하게 설명을 진행하였으나 이제는 아무도 내 발표를 듣고 있지 않았다. 각자 머리 속으로 시장점유율에 대한 반박 논리를 생각하고 있음이 분명했다.

"짧은 시간, 굴지의 기업인 조선기업에서 꼭 고려하셔야 할 세 가지만 추려 핵심만 설명드렸습니다. 반드시 필요한 내용이며 전 세계에서 우리 제품이 높은 시장점유율을 차지하고 있는 핵심적인 이유이기도 합니다. 경청해 주셔서 감사합니다."

20분은 지났고, 침묵이 흘렀다. 임원은 그대로 앉아 있었다.

이제 아군이 나섰다.

"아니, 시장점유율이 저렇게 낮은 것을 우리가 사용하는 건 좀 문제가 있지 않을까 싶습니다만…."

기다렸다는 듯 그 임원이 질문을 했다.

"저 자료들은 신뢰할 수 있는 겁니까? 시장점율이야 대충 그래프로 그리면 되는 것이고 조사한 기관들이 어디인지도 잘 모르겠는데?"

기다렸던 질문이었다.

"좋은 지적이십니다. 다만 이 조사들은 선거철 여론조사와 비슷하다고 생각이 듭니다. 맞을 수도 있고 틀릴 수도 있겠습니다만 여러 그래프가 유사한 결과를 보여준다는 것은 어느 정도 경향을 볼 수 있는 척도로서 의미는 있다고 생각합니다."

그리고 첨부해 두었던 다른 그래프들도 스크린에 띄웠다.

"보시는 바와 같이 여러 조사 결과가 대동소이합니다."

아군이 나섰다

"완전히 무시할 수는 없을 듯합니다."

이어 중립적인 참가자도 흔들렸다.

"그럴 수 있겠네요. 시장섬유율이 저렇다면 우리가 뭔가 놓치고 있다는 걱정도 드네요."

시간은 이제 20분이 지나 거의 한 시간을 훌쩍 넘기고 있었다. 매우 바쁘다던 그 임원은 자리를 뜨지 않은 채 논쟁을 계속 지켜보고 있었다. 논쟁 중에 여러 가지 질문들이 쏟아졌고 나는 준비한 내용으로 차분히 설명을 이어갔다.

마지막으로 우리 회사 히어로인 상무님의 말씀이 이어졌다.

"대한민국 최고의 조선기업이 이 분야의 전사 표준을 정한다는 것은 시장에서 매우 큰 의미를 갖는 만큼 시간이 좀 더 걸리더라도 세부적으로 명확히 검토해 보는 것이 어떨까 생각이 됩니다만."

모든 발표와 질의응답이 끝났고 그 임원은 처음과는 달리 매우 밝은 표정으로 명함을 건넸다.

"좋은 발표 잘 들었습니다. 훌륭했습니다."

다음날 우리 아군으로부터 반가운 전화가 걸려 왔다.

"완전히 흔들었습니다. 그 점유율 밀어붙이기는 누구라도 명분이 딸리지요. 정말 고맙습니다. 잘하셨습니다!"

내용은 이랬다. B사에도 임원이 시장점유율을 요청하였으나 B사는 대응하지 못했다고 한다. 발표 후 내부 회의가 이어졌고 시장점유율이 화두가 되었으며 지금 B사 제품을 전사 표준으로 선정하기엔 검토가 많이 부족했다는 의견이 나왔고 현업에서 필요한 내용으로 재검토를 해야 한다는 데 동의를 하게 되었다고 한다. 그리고 결국에는 B사 제품과 우리 회사 제품 두 가지만을 가지고 세부 항목까지 다시 검토하기로 결론이 났다고 한다.

결국 판은 완전히 흔들렸고 우리는 새로운 기회를 잡았다. 놀라운 역진의 시작이었고 그때부터는 많은 사람들이 적극적으로 힘을 모아주기 시작했다. 약 3달간의 힘든 POC Proof of Concept: 고객사 사용에 적합한지에 대한 세부 테스트가 이어졌고 모두가 최선을 다해주어 근소한 점수 차이로 승리할 수 있었다. 결국 긴 전쟁 끝에 조선기업의 표준은 우리 회사 제품으로 선정되었다.

모두가 환호했고 승리의 기쁨을 누렸다. 개인적으로 큰 명예를 얻었고 경제적인 보상도 받았다. 보기 드문 영업의 성공사례가 되어 수차례 여러 자리에서 발표를 하기도 했다. 그러나 가장 큰 영웅은 끝까지 포기하지 말라고 나에게 전화를 해 준 고객사의 아군, 바로 그분이었다.

참고로 지금은 은퇴하신 그 임원분과 차 한잔을 할 기회가 있었다. 그분은 당시의 느낌에 대해 이렇게 말해 주셨다. "기가 막힌 외통수에 걸려들었을 때의 짜릿함을 느꼈습니다." 그리고 본인의 소중한 인생 경험담들을 들려주셨다. 그것을 요약하면 다음과 같다.

Note

1. 아군에게 싸울 수 있는 무기를 제공하라. "도와주고 싶어도 명분이 없습니다"라는 말을 이해하는가? 진심으로 도와주려는 사람도 명분이 없으면 움직일 수가 없다.
2. 허를 찌르면 방어할 수 없다. 킬링 포인트를 공략하라. 그 임원이 B사 제품을 선호한 명분은 '대세'라는 것이었다. 그것을 같은 이유로 제압하였다.

03

성향을 파악하면
역전의 길이 보인다

누군가를 설득하려면 내가 좋아하는 것이 아니라 상대가 좋아하는 것을 말해야 한다. 그래서 청중에 대해 아는 것은 매우 중요하다. 성향뿐 아니라 취미, 가족관계, 고향, 출신학교 최근 여행지까지 많으면 많을수록 좋다.

경쟁 프레젠테이션에서 몇 차례 성공한 후 사내에서 심각한 상황이 벌어지면 나를 찾곤 했다. 기분이 좋으면서도 한편으로는 부담스러운 일이었다. 모든 딜에 어떻게 성공할 수 있겠는가? 그럼에도 불구하고 어려운 발표자리가 있으면 도움을 요청받는 일이 하나둘 많아지기 시작했다. 다른 팀의 영업담당인 김 부장도 그날 나를 찾아와 도움을 요청했다. 상황은 이랬다.

김 부장은 이번 분기에 가장 큰 딜로 '고려기업'건을 내부적으로 여러 차례 보고해 둔 터였다. 모두가 당연히 될 것으로 기대하고 있었고 분기의 가장 큰 딜이라 관심이 집중되어 있었다. 시간은 흘러 분기 마감이 코앞으로 다가오고 있었다.

고려기업은 우리 회사의 오랜 고객이긴 했으나 아직까지는 기본적인 제품만을 사용하고 있었다. 김 부장은 고려기업의 구매담당인 구 팀장에게 고급제품에 대해 제안하였고 구 팀장은 도와주기로 구두로 약속을 하였다고 한다. 쉽게 이야기하자면 업그레이드를 하겠다는 약속이었다. 뒤를 이어서 구 팀장은 실무 부서의 박 팀장과 팀원들 앞에서 고급제품에 관한 발표자리를 만들어주었고 프레젠테이션이 두 차례 진행되었다. 반응은 매우 좋았고 구매 진행에는 어려움이 없어 보였다고 한다. 이러한 내용은 즉시 사내에 보고가 되었고 성공적인 마감을 모두가 확신하고 있었다. 김 부장은 스타가 되기 일보직전까지 간 것이었다.

그러나 어느 날인가부터 고려기업의 구 팀장이 김 부장의 전화도 자꾸 피하고 만나자는 요청도 이 핑계 저 핑계로 거절하기 시작했다. 무언가 잘못되어 간다는 걸 안 건 이미 분기 마감이 코앞으로 다가왔을 때였다. 우여곡절 끝에 할인이라도 해서 딜을 성사시킬 요량으로 구 팀장을 만났지만 예상 밖의 이유를 들어 구매를 거부했다.

"김 부장님. 사실은 가격이 문제가 아닙니다. 제가 약속한 거라 꼭 진행하고자 했고 실제로 노력했습니다. 그런데 실무 부서의 박 팀장이 필요 없다고 고집을 부리니 더 이상 뭐라 주장할 수가 없는 상황입니다."

"아니. 지난번에 좋아하셨고 만족하셨지 않았습니까?"

"그게… 내부적으로 검토를 다시 해보았다는데 너무 고급제품이라 실무팀에서 활용하기에는 부담스럽다고 합니다. 비싼 제품을 도입해서 제대로 활용하지 못한다면 나중에 문제가 될 것 같다고 하는데 아무리 설득해도 고집을 꺾을 수가 없습니다. 이거 정말 미안하게 되었습니다."

문제는 가격이 아니라 실무팀 박 팀장의 반대였다. 내부적으로 이런 상황이 보고되었고 어마어마한 실망과 함께 김 부장에게 질책이 쏟아진 건 너무나도 당연한 일이었다. 그럼에도 불구하고 김 부장은 마지막까지 포기할 수가 없어서 결국 다른 팀에 있는 나에게까지 도움을 요청했던 것이다.

"그렇게 된 거군요. 저는 잘 되어가는 줄로만 알고 있었네요."

우선 시간이 없으므로 고려기업에 대해 파악한 모든 정보를 알려달라고 했고 저녁식사 겸 술 한잔 하면서 여러 이야기를 듣게 되었다. 내부의 정치적 관계, 비즈니스 상태 등 많은 정보를 상세히 알려주었지만 특별한 내용은 없어 보였다. 다만 실무팀 박 팀장의 성향이 애매했다.

"지금 행동을 봐서는 말씀하신 성향 중에서는 '보수형'이 맞습니다. 그런데 새로운 솔루션을 의욕적으로 도입했다가 사용이 흐지부지되어 질책을 받은 적이 몇 번 있었다고 합니다. 의욕을 갖고 진행했는데 맘처럼 정착이 안 되었던 거죠. S대 산업공학과 석사 출신이라 이 분야에 대한 자존심은 매우 센데 회사 업무 자체가 아시다시피 좀 단순하다고 봐야지요. 그래서 그런지 그 뒤로는 투자에 조심스러워한다고 합니다."

"제가 보기엔 박 팀장의 성향은 혁신형인 듯합니다. 어떻게 설득해야 할지 생각을 해보겠습니다."

김 부장의 얼굴에 걱정과 불안이 가득했다. 영업, 샐러리맨의 비애일 것이다.

발표 당일 고려기업 앞에 거의 도착했을 때 박 팀장에게서 오지 말라는 문자가 왔다. 김 부장은 문자를 보내주며 "그냥 포기해야겠습니다. 도와주신 거 잊지 않겠습니다. 여기까지 같이 와주신 것만 해도 감사합니다"라고 말했다.

"아뇨. 바로 앞이라고 잠깐 인사만 드리고 간다고 해보시죠?"

결국 커피 한잔 하자는 핑계로 박 팀장을 만나러 고려기업 회의실로 들어갔다.

그때 보았던 회의실 모습이 아직도 뇌리에 생생하다. 여러 명이 있을 것이라는 예상과 달리 박 팀장은 저 끝에 혼자 앉아 김 부장을 보자마자 굳이 오지 말라고 했는데 왜 왔냐고 타박을 주었다. 회의실은 발표자리를 만들다 만 것처럼 어수선해 보였다. 테이블 위에는 누군가 먹다 남긴 믹스 커피잔이 여러 개 널려 있었다. 박 팀장에게 간단히 인사를 건넸으나 그는 본체만체 계속 김 부장에게 타박을 주었다. 그냥 하지 말까 하는 생각이 들었으나 마지막 기회라는 생각에 조용히 빔 프로젝트를 연결한 후 컴퓨터를 켜고 준비한 슬라이드를 열어 스크린에 비추었다. 그리고 두 사람의 말을 끊으며 이렇게 말했다.

"박 팀장님! 죄송합니다만 어렵게 준비한 자료니까 10분만 봐주십시오"

김 부장과 박 팀장은 당황한 듯 대화를 멈추고 알겠다는 듯 스크린으로 시선을 옮겼다.

"지난번에 다 본건데…."

박 팀장이 귀찮은 듯 말했다.

"제가 듣기론 아직 못 보신 게 있습니다. 지난번 발표에서 설명을 안 한 부분입니다. 고려기업에는 꼭 필요한 것인데 설명이 미처 안 된 것 같습니다"라며 나는 산업공학 내용이 기술적으로 서술된 시뮬레이션 기능을 열었다. 간단히 설명하면 산업공학에서 손으로 계산하던 것을 자동으로 계산해서 3차원 형상으로 시각적 결과를 보여주는 기능이었다.

"제가 학교 다닐 때 산업공학을 조금 공부했습니다. 예전에 이런 계산은 수동으로 해야 했지만 기술이 이렇게 발전을 했습니다. 고려기업에 한번 적용할 만하지 않을까 생각됩니다. 지금은 어떻게 계산하시나요? 여전히 엑셀로 작업하시나요?"

"아! 제가 산업공학과 나왔습니다."

반가운 듯 박 팀장의 답변이 돌아왔다.

"박 팀장님은 S대 산업공학과 석사 출신이십니다."

김 부장이 반가운 듯 다시 강조하였다.

"아 그러시군요. 그럼 이쪽 내용 잘 아시겠네요. 이거 제가 전문가 앞에서 욕먹을 짓을 했네요"

"아니, 아닙니다. 정말 대단한데요. 저는 그 계산을 절대로 자동화 하지 못할 거라 생각했는데 되는군요. 이거 정말 놀랍습니다. 대단 합니다. 야~ 이게 되는구나…."

감탄에 감탄이 이어졌다. 사실 내가 기대했던 것 이상이었다. 이 어서 그 기능에 대해 이론적 설명을 하기 시작했고, 우리는 박 팀장 의 강의를 경청하게 되었다. 상황이 바뀐 듯했다. 박 팀장은 팀원들 에게 전화를 해 들어오라고 하더니 내가 보여주었던 내용을 다시 팀 원들에게 보여달라고 부탁했다. 역시 팀원들에게 산업공학 강의를 하기 시작했고 너무나 고급이어서 쓸모없다던 우리 제품에 대해 다 시 이것저것 질문을 하기 시작했다.

그리고 도입을 하게 된다면 측면에서 적극적으로 지원을 하겠다 는 약속을 받아냈고, 그렇게 프레젠테이션 아닌 프레젠테이션이 끝 이 났다.

밖으로 나온 우리는 서로 고생했다는 말과 함께 얼굴 가득 미소를 나누었다.

"뭔가 느낌이 좋은데요?"

"그러게요. 기대했던 것보다 굉장히 좋아하시는데요?"

"근데 아까 보여주신 건 뭐죠? 저도 처음 보는데."

"아. 그거 사실 아직 들어오지 않은 기능입니다. 솔직히 말씀드리면 베타 기능이라 언제 들어올지 몰라요. 말씀드렸듯이 박 팀장의 성향은 혁신형입니다. 보수형처럼 보이지만요. 의사 결정권을 꽉 쥐고 있고 혁신형이니 혁신적인 내용을 보여주는 게 맞겠다 싶었습니다. 또 S대 산업공학과 석사 출신에 자부심이 크다고 하셔서 제가 조금 알고 있는 지식으로 마음을 움질일 수도 있겠다 싶어 시작을 그걸로 해봤습니다."

그때 구매담당 구 팀장으로부터 전화가 왔다.

"김 부장님! 도대체 뭘 어떻게 했길래 박 팀장이 마음을 바꾼 겁니까? 축하드립니다. 제가 더 기쁘네요. 마감 얼마 안 남았을 텐데 어서 빠르게 진행하시지요. 이쪽은 제가 준비하겠습니다."

참고로 그 기능은 다행히 이후에 정식으로 들어왔고 고려기업은 성공적으로 제품을 잘 활용하고 있다. 김 부장이 새로운 제품의 성공적인 정착을 위해 옆에서 끊임없이 많은 지원을 했음은 두말 할 나위도 없다.

성향에 따른 강조내용은 일반적으로 아래와 같다. 성향 분석을 통해 시나리오 구성을 정확히 해야 한다.

의사 결정권자	영향권자	강조내용
혁신형	혁신형	업계에서 가장 혁신적임을 강조한다
혁신형	보수형	혁신적 내용을 보여주되 안정적 정착 지원을 강조한다.
보수형	혁신형	선두그룹에선 이미 보편화되어 있음을 강조한다.
보수형	보수형	이미 보편화되었음을 강조한다.

사례에서 구매담당 구 팀장은 영향권자이고 혁신형이다. 의사 결정권자인 박 팀장도 보수형으로 보이나 사실은 혁신형이다. 이런 경우, 가장 혁신적인 것을 보여주는 것이 답이다. "말하는 상대편의 말에 귀를 기울이고 또한 그 사람의 눈을 잘 지켜보면 그 사람의 성격을 알 수 있다. 사람들은 아무리 수단을 써도 말할 때만큼은 자신의 성격을 숨길 수 없기 때문이다" 라는 맹자의 말을 기억하라.

04

적의 검이 아닌
적의 마음을 읽어라

《손자병법》에 이르기를 싸움에서 가장 먼저 파악할 것은 장수의 기질이다. 장수를 보면 전략을 예측할 수 있다고 했다. 흔히들 경쟁에서 경쟁대상 자체만 비교하지 경쟁자를 살피지 않는 경향이 있다. 이는 잘못된 것이다. 싸움은 운영하는 사람, 특히 장수를 살피는 것으로부터 시작해야 한다. 싸움은 상대의 무기가 아닌 사람과 하는 것이기 때문이다.

가끔 아주 큰 딜의 경우 몇 일간의 주제별 경쟁 프레젠테이션을 하는 경우가 있다.

신라기업에서 사내 표준 솔루션을 검토 중인데 내부적으로 찬반 의견이 모아지지 않아 결국 5곳의 대표적 기업을 불러 '벤치마크 테스트'를 하겠다는 연락이 왔다. 즉 시험 항목을 주고 높은 성적을 낸 기업의 제품을 선정하겠다는 말이었다. 대체로 이런 경우는 드물지만 내부 의견 수렴이 제대로 안 되고, 객관적이며 공정한 결과를 바탕으로 결정을 하겠다는 분위기가 퍼지면 벤치마크 테스트를 하기도 한다. 사실 말이 객관적이지 실제로는 주관적일 수밖에 없다. 심사위원의 개인적 성향이 반영될 수밖에 없고, 또한 그 전쟁을 수행하는 사람의 능력에 따라 결과가 달라지기 때문이다. 그러나 어쩌겠는가. 전쟁은 시작되었고 이겨야만 하고 또한 이길 가치가 있는 전쟁이었다.

설명회가 개최되었고 우리 회사인 A사, 최대 경쟁사인 B사, 그리고 C, D, E사가 참석했다. 1차 테스트는 각사의 프레젠테이션 진행 후 심사위원단의 평가로 2개의 제품을 선정하기로 되어 있었다. 다행히도 우리 회사의 제품이 선정되었고 예상대로 B사의 제품이 최종 통과하였다. 이제 남은 것은 A사(우리 회사)와 B사간의 최종 경합이었다.

2차 테스트는 5가지 주제별 평가 프레젠테이션으로 5일간 진행될 예정이었다. 2차 테스트 설명회장에서 우리의 최대 경쟁사인 B사의 장수와 만났다. 서로 1차 테스트 통과를 축하하며 반갑게 인사를 주고받았지만 날카로운 경계심이 느껴졌다. 이 장수를 파악해야만 B사의 전략을 예측할 수 있겠다 싶었다.

신라기업, 즉 청중의 정보뿐 아니라 우리와 싸우는 경쟁사의 정보도 필요했다. 최근에 경쟁사에서 우리 회사로 이직한 사람이 있어 경쟁사의 상태, 분위기를 알아보았다. 특히 그 장수에 대한 정보를 파악했다. 그가 알려준 B사 장수의 기질은 이랬다.

'기술적 지식이 매우 높은 편이고, 혁신 추구형이라 신기술 습득에 강하다. 자존심이 매우 강한 편이다. 성격이 급한 편이고 실수를 용납하지 못하는 성격이다. 완벽 추구형이며 B사 제품의 아버지라 불릴 만큼 자부심이 강하다.'

나는 수집된 정보를 바탕으로 두 가지 분석을 했다. 하나는 기술적인 내용만 놓고 보는 '경쟁사 기술 분석'과 다른 하나는 경쟁 상황을 통해 전략을 분석하는 '경쟁사 전략예측'이었다.

경쟁사 기술 분석, 즉 객관적으로 기술만을 분석했을 때 기대하는 바는 3:2로 승리하는 것이었다. 항목 중에 '1일차, 5일차는 기술적으로 질 것이 예상되므로 버린다!'가 결론이었다.

경쟁사 전략 예측, 즉 경쟁사의 예상되는 전략을 바탕으로 분석해 보았다. 1일차의 주제는 B사가 앞서므로 상대가 방심하고 있을 것이 분명했다. 따라서 생각지도 못하게 1일차를 이긴다면 완벽추구형이며 B사 제품에 자부심이 강한 적장의 성격상 심리적 타격을 줄 수 있을 것이라 생각했다. 문제는 기술 분석에서 1일차는 이길 수 없다는 결론이 나와 있다는 것이었다. 우리 팀에서 경험이 풍부한 베테랑 선수를 불러 의견을 물었다. 그는 "채가 좋다고 골프 잘 치는 건 아니죠. 결국은 사람의 문제입니다. 제가 이겨 보겠습니다. 아니 적어도 비겨보겠습니다"라고 자신감을 보였다.

경쟁사 기술 분석과 경쟁사 전략 예측을 종합해 우리는 1일차를 승리하는 것에 총력을 기울이기로 했다. 적어도 비기거나, 근접하게 선전하여 상대에게 심리적 타격을 주는 것을 목표로 잡았다. 즉 적장의 심리를 흔드는 것을 이번 경쟁의 핵심전략으로 삼았던 것이다.

드디어 1일차 프레젠테이션이 끝이 났다. 결과를 바로 알려주지는 않기 때문에 심사위원들의 표정을 유심히 살펴보았다. 심사위원단의 표정에서 다행히 우리가 선전했다는 확신을 가졌다. 어쩌면 이겼을지도 모를 일이었다. 이를 B사의 그 장수도 읽었는지 그의 표정에 불안감이 차 있음을 볼 수 있었다. 그에게는 예상치 못한 결과였을 것이다. 최선을 다해준 베테랑 선수들에게 감사를 표시했다. 2일차는 우리가 우세한 분야이기도 했고 준비한 선수가 선전해 주어 예상대로 잘 마쳤다. 이틀 연속 졌을 것이란 판단 때문인지 B사 장수의 불만 섞인 말들이 점점 거세어져 갔다.

3일차가 되던 때 B사의 장수는 심시위원들에게 노골적으로 불만을 토로하기 시작했다. 심사방식에 대한 불만과 이번 테스트에 대한 공정성 부족 등을 제기하며 불편한 심기를 드러냈다. 작전이 제대로 진행되고 있었다. 아울러 경쟁사의 팀워크도 흔들리는 모습이 목격되었다.

우리 팀에게 주문한 것은 이럴 때일수록 동요하지 말고 차분히 원칙대로 임한다는 것이었다. 불편한 분위기는 계속 흘러갔고 마지막

5일차의 프레젠테이션만을 남겨두고 있었다.

우리가 먼저 진행하는 순서였으나 B사가 먼저 발표를 하겠다고 해서 승낙했다. 사실은 그게 좋았다. 길게 끌어주기를 기대했기 때문이다. 사람은 누구나 뒤진다고 생각되면 본능적으로 말을 길게 하려 한다. 변명이건 불만이건 마지막으로 어떻게든 상대의 생각을 돌리겠다는 강한 의지를 표현하기 때문이다. 특히 적장의 완벽주의적 성격상 이번의 테스트에 대한 불만을 노골적으로 드러낼 가능성이 컸다. 그의 급한 성격까지 더해진다면 우리에게 더욱 유리할 것이었다. 이를 파악했는지 경쟁사의 임원이 방문하여 마지막 발표를 대신하겠다고 했지만 신라기업에서는 불공정할 수 있다며 인사만 하고 돌려보냈다. 30분이 발표시간이었으나 예상대로 B사의 발표는 한 시간이 넘게 진행되었다. 지금까지의 그의 태도로 보아 많은 언쟁이 있었으리라 짐작되었다. 그리고 우리의 발표가 이어졌다.

마지막 발표는 우리에게 불리한 항목이어서 '불필요한 논란거리를 만들지 않는 것'으로 작전을 짰다. 날카로운 질문을 피하는 방향으로 슬라이드를 구성했다. 약점을 지적하면 인정하고 바로 넘겼다. 어차피 버린 분야이었으니까.

5일차까지 모두 끝이 나자 우리뿐 아니라 심사위원들도 마치 시험 끝난 학생들처럼 기뻐했다. 서로 고생했다는 위로와 함께 모든 과정을 마쳤다. 수고해 준 우리 팀원들과 서로를 칭찬하며 뒤풀이를 했다. 예상대로라면 스코어는 3:2였다. 잘하면 4:1까지 예상했다.

며칠 뒤 선정 결과가 발표되었다. 아무도 예상치 못한 5 : 0의 완승이었다. 참고로 경쟁사의 그 장수는 아직도 그때의 경쟁이 매우 불공정했다고 주장하고 있다.

Note

신라의 김춘추가 당나라에 가서 이세민에게 받은 첫 질문은 "너희 나라 김유신이라는 사람의 인품은 어떠하냐?"였다. 다음은 손자병법에서 말하는 적장을 다루는 기술이다.

· 죽자고 덤비는 적장은 죽이면 그만이다.
· 사는 데 연연한 장수는 살려주면 된다.
· 성질이 급한 장수는 함정에 빠트린다.
· 명예를 중시한 적장은 명예를 실추시키면 된다.
· 백성을 사랑하는 적장은 백성을 괴롭히면 된다.

05

객관적 평가란
심사위원의 주관적 판단이다

"이 친구 실적도 좋고 실무도 잘한다고는 들었는데, 지난번 프레젠테이션을 보니 아직 팀장감은 아닌 것 같은데요?",

"저도 그렇게 봤습니다. 일단 팀원으로서 실무를 더 하도록 두는 게 좋겠습니다."

실제 승진자를 결정하는 회의에서의 대화 중 일부다. 상급자의 경우, 특히 직급의 차이가 많이 날수록 직원들 개개인의 능력을 접할 기회가 별로 없다. 따라서 한 번 노출된 프레젠테이션은 그 사람에 대한 기억으로 강하게 남는다. 변명할 기회도, 다시 한 번 해보겠다는 요청도 할 수 없다. 실제 많은 기업에서는 승진 후보자를 대상으로 특정 주제를 주고 프레젠테이션 심사를 실시하기도 한다. 또는 직원들의 프레젠테이션 능력을 향상시키기 위해 사내 프레젠테이션 대회를 개최하기도 한다. 두 가지는 분위기가 전혀 다른 것처럼 보이지만 공통점이 있다.

첫째는 순위가 절대적으로 매겨지는 것이 아니라 그날 참가한 발표자 중 상대적으로 매겨진다는 것이다. 심사위원단은 1위부터 10위까지 어쨌거나 순위를 매겨야만 한다.

둘째는 심사위원들의 주관성이 많이 포함된다는 점이다. 물론 객관적인 심사 기준과 심사 항목이 미리 공지가 되겠지만 상대적 평가라는 것은 심사위원들에게 주관성을 불러일으킬 수밖에 없다. 둘 중 누가 잘했느냐를 선택해야 하기 때문이다. 앞의 에피소드에서 말했듯 모든 객관적 평가는 사실은 심사위원의 주관적 판단이 결정한다.

다음은 필자가 전문가 집단 앞에서 공감, 구성, 연출을 통해 베스트 프레젠터로 선정된 이야기다. 뭔가 와닿는 것이 있을 것이다.

다국적 기업에 근무하고 있기에 전 세계의 직원들이 모이는 자리가 일 년에 한두 번씩 있었고 마침 각 나라의 기술영업에 종사하는 사람들을 대상으로 한 세일즈 프레젠테이션 대회가 개최되었다. 프레젠테이션을 잘한다는 이야기를 간혹 듣지만 정말 잘하는지는 알 수가 없었다. 무슨 자격증이 있는 것도 아니고 잘한다는 것을 객관적으로 증명할 수 있는 자료도 없었다. 그래서 대회 소식을 듣자마자 스스로를 증명할 수 있는 소중한 기회라는 생각에 과감하게 지원을 했다.

평가 내용과 심사 기준이 발표가 되었다. 요지는 청중들이 고객이라고 가정하고, 고객에게 우리 제품을 설명하는 식으로 발표하라는 것이었다. 심사위원은 청중 1,000여 명, 나와 동일한 업무를 하는 전문가들이었다. 요즘은 익숙하지만 당시에는 신선한 스마트폰 앱을 통한 현장 투표방식으로 순위를 매긴다고 했다. 가장 걱정되는 것은 '영어'였다. 나의 영어 수준은 매우 낮은 편이었다. '띄엄띄엄 비즈니스 영어 정도나 할 수 있는 실력으로 영어권 사람들과 경쟁해서 이길 수 있을까?', '영어를 아무리 잘한다 해도 영어권 사람들에게는 떨어지지 않을까?'라는 생각이 절로 들었다. 그러나 '말 잘한다고 프레젠테이션을 잘 하는 것은 아니다'라는 명제를 증명해 볼 수 있겠다는 생각도 들었다.

공감 및 시나리오 구성

나는 먼저 다른 발표자들을 상상해 보았다. 아마도 모든 발표자들은 "Hello, Mr. Customer"로 시작할 것이다. 발표지침대로 청중을 고객으로 상상하고 진행할 것이고, 청중 또한 스스로 고객이라 상상하고 들을 것이다. 서로 상상하니 '공감'은 불가능할 것이고 다들 '공감하는 척'을 해야 하는 어려운 연기를 펼쳐야 한다. 죽을 맛이겠다 싶었다. 이번엔 내가 청중이 되어 보았다. 스스로를 고객으로 상상하기도 힘들고 앞에서 나를 고객 취급하는 사람들의 똑같은 발표를 계속 들을 생각을 하니 지루함이 밀려왔다.

그래서 내 마음대로 바꾸어버렸다. '고객 앞에서 우리 제품을 설득하는 것, 고객을 설득하는 기술영업직들의 현실적 어려움과 대처 방법'으로. 그리고 거기에 맞게끔 콘텐츠를 준비했다. 주로 고객을 만났을 때 벌어지는 흥미로운 사건들과 재미있는 경험들을 중심으로 세 가지 정도를 준비하고 각각에서 명심할 교훈 하나씩을 뽑아냈다. 마지막 결론은 '우리 회사의 희망! 기술영업직에 종사하는 여러분! 자부심을 가집시다!'라고 끝을 내면서 박수를 유도할 계획이었다.

연출

모두 전문가이므로 아는 척해 봐야 역효과다. 이럴 땐 가르치는 입장보다는 같은 어려움을 겪는 동료, 매일 벌어지는 어려움을 진정으로 이해하는 친구 같은 배역으로 포지셔닝하는 것이 좋겠다고 판단했다. '나도 너와 똑같은 어려움을 겪고 있어, 친구. 그래도 나는 이 직업에 보람을 느껴. 우리 자부심을 갖자!'로 끝내기로 했다.

축제 같은 분위기가 예상이 되므로 진지한 분위기보다는 '웃겼다 진지했다'를 반복하는 것이 좋을 듯했다. 문제는 내가 외국 사람들의 유머코드를 알기도 어렵고, 안다 해도 영어로 능숙하게 그 유머의 느낌을 표현할 수 없다는 점이었다. 그래서 몇 가지를 준비해 마침 한국에 근무하는 외국인에게 도움을 요청했다. 그 친구가 재밌어 하는 것만 골라 영어 문구를 수정한 다음 내 발표 대본에 넣었다.

연습

영어로 큰 무대에서 발표하는 것은 흔치 않은 경험이었다. 거의 한 달 동안 아침저녁으로 현장 분위기를 상상하며 계속 연습을 했다. "Ladies and Gentlemen"으로 시작하는 그 대본은 지금도 그대로 진행할 수 있을 것 같다. 충분한 연습만이 떨지 않고 발표할 수 있는 길이라 생각했다.

발표 당일

충분히 연습했다고 생각했는데 막상 발표 시간이 되니 미친 듯이 심장이 쿵쾅거렸다. 한국에서는 몇백 명 앞에 서는 것도 크게 부담 스럽지는 않는데, 전 세계인들 1,000명 앞에 서는 것은 한 번도 느껴보지 못한 엄청난 공포감을 주었다. 청중들을 쓰윽 둘러보니 여기 저기서 최고 전문가들의 얼굴들이 들어오기 시작해 심장 박동을 더욱 증폭시켰다. 그때 나는 사람이 자신의 심장소리를 들을 수 있다는 것을 처음으로 알았다. 들고 있던 물병의 물이 심장박동에 따라 출렁거렸다.

후들거리는 다리에 힘을 주고 심장을 어루만지며 겨우 마이크 앞에 섰다. 그리고 첫 마디를 시작했다.

"Hello everyone, I'm xxx from Korea. Not from the north! Don't worry."

아차, 준비하지도 않았던 North Korea, 북한이라는 말을 해버렸다. "망했다!"라는 생각이 들었다.

그런데 의외로 이 말에 청중들의 폭소가 터져나왔다. 당황스러웠지만 분위기가 한층 좋아졌다. 나중에 들은 내용이지만 당시 뉴스에 북한의 미사일 발사 뉴스가 몇 차례 나온 터라 청중들이 북한에 대해 예민한 상태였다고 한다. 다행히 폭소 덕에 나는 긴장도 풀리고 한국에서 하듯 줄줄 발표를 진행했다. 연출했던 대로 준비한 농담도 섞고 질문도 날리고 청중을 끌었다 당겼다 실력을 발휘했다. 그리고 진심으로 청중들이 자부심을 느낄 수 있도록 결론을 맺었다.

결과

발표가 끝나고 쉬는 시간에 모르는 외국 사람들이 악수를 청해오고 잘 보았다, 감동적이었다는 말들을 해주었다. 느낌이 좋았다. 2일간 약 40여 명의 발표가 이어졌고 최종 집계 결과 월드와이드 챔피언, 1위를 차지했다.

그다음 해 대회는 한 번 해봤다고 더 이상 미칠 듯 떨리지는 않았다. 다시 1위를 차지했고, 그 뒤로 영어권 행사에 꾸준히 초정되어 프레젠테이션을 진행하게 되었다.

Note

1. 말 잘한다고 프레젠테이션을 잘하는 것이 절대 아니다. 그랬다면 미국친구나 영국친구가 1위를 해야 하지 않겠는가.
2. 객관적 평가는 사실은 심사위원의 주관적 판단이다. 따라서 평가 항목 자체보다는 그 평가 항목에 점수를 기입할 심사위원의 주관적 이유를 찾는 게 중요하다.
3. 평가 프레젠테이션에서는 다른 사람과 다르게 발표하는 것이 핵심이다. 같은 내용을 반복해서 들어야 하는 청중의 입장을 생각해 보자. "눈에 띔"을 기억하자.
4. 청중과의 공감, 시나리오 구성, 잘 짜여진 연출은 언제나 명품 프레젠테이션을 만들어내는 기본 요건이다.

06

나답게 발표하는 것이
가장 설득력 있다

'아우라'라는 것이 있다. 사람을 보면 느끼지는 기운이다. CEO는 그만의 아우라가 있고, 신입사원은 그만의 패기에 찬 젊은 기운이 있다. 우리는 이러한 자신만의 아우라를 찾아야 한다. 그리고 거기에 맞게 말하고 표현하는 것이 가장 설득력 있게 마련이다.

한번은 젊은 신입사원으로 보이는 친구가 청중들을 대상으로 프레젠테이션을 하는데 스티브 잡스처럼 발표를 하는 것을 보았다. 아마도 프레젠테이션 관련 서적을 많이 읽은 듯했다. 그 모습은 마치 초등학생이 인생을 다 살아본 노신사처럼 말하는 것 같아 모두의 비웃음을 샀다. 연출에서 배역 설정을 잘못한 것이다.

다음 사례는 이 점을 깊게 깨닫게 해주는 에피소드다. '내가 풍기는 나만의 아우라는 무엇인가?', '사람들은 나를 어떤 지위의 사람으로 생각하고 있는가?'를 생각해보기 바란다. 배역을 나와 전혀 어울리지 않는 사람으로 설정한다면 부자연스러울 수밖에 없다. 스티브 잡스는 스티브 잡스만이 할 수 있는 배역이다.

한번은 발표장에 시뻘겋게 졸린 눈으로 조잡한 장치를 들고 들어간 적이 있었다. 다른 팀들의 멋진 발명품들을 보니 참으로 부끄럽고 민망했다. '너희들, 뭘 만들긴 했니?' 라는 듯 바라보는 친구들의 시선을 느꼈을 땐 차라리 '큰 보자기로 우리 장치를 감춰버릴까?', '만들었는데 도난당했다고 할까?', '다 포기하고 다음에 제대로 만들까?' 하는 다양한 생각들이 머리를 스쳤다. 그래도 조교님이 준 기회니 발표라도 하자는 데 전원이 동의한 후 앉아서 조용히 순서를 기다렸다.

그날은 1년 동안 각 팀이 발명한 장치를 최종적으로 발표하는 날이었다. 우리 팀은 세 명으로 사실 일 년 내내 놀았다. 보다 못한 조교가 전날 우리를 불렀고 무조건 밤새 준비해 발표를 하라는 명령을 내렸다. 그리고 창고에 있던 먼지 묻은 조잡한 장치를 우리에게 던져주었다. 우리 팀은 밤새 2명이서 장치를 수정하고 나는 프레젠테이션 준비를 하였다. 목표는 'F' 학점 면하기.

발표장은 200여 명의 청중이 앉아 있었고 심사위원은 5명의 국내 명문대학 공대 교수님들이었다. 총 15개 팀이 참가하였고 학점은 심사위원의 순위에 따라 결정되었다.

사회를 맡은 조교의 진행으로 발표가 시작되었다. 천재적인 녀석들은 그야말고 기상천외한 발명품들을 소개하고 있었다. 발표가 이어질수록 어깨가 움츠러들었다. 조잡한 장치로 20분을 어떻게 때운단 말인가? 어서 빨리 시간이 흐르길 바랐다.

그런데 발표를 들을수록 참 흥미로웠다. 특히 여러 발명품 중 나를 매우 놀랍게 한 것은 터치패드 장치였다. 지금 생각하면 신기할 것도 없지만 당시에는 어떻게 대학 2학년생들이 저런 것을 만들었을까 하고 경외감이 일 정도였다. 넓은 판 아무 곳에나 압력을 가하자 센서를 통해 나온 값들로 인해 점의 좌표가 정확히 화면에 표시되었다. 놀라웠다. 관중들의 감탄사가 쏟아졌다. 발표에 나선 똘똘한 친구 녀석은 그 어렵다는 공식들을 화려하게 스크린에 띄워가며 그 경이로운 자신의 장난감을 교수님들 앞에 자랑스럽게 설명하고 있었다. 터치패드가 1등이 되는 것은 너무나도 당연해 보였다. 마침 다음 발표가 우리였기에 대놓고 비교될 것을 생각하니 더욱 위축이 되었다. 얼마나 많은 비웃음을 사게 될 것인가.

그런데 희한하게도 그 놀라운 발표를 지켜보는 심사위원들은 그렇게 놀라워하지도, 대견해하지도 않았다. 오히려 무언가 불만스런 표정들이었다. 도대체 왜? 이어서 교수님들의 지적이 시작되었다.

"잠깐만, 이전 슬라이드에서 그 내용은 어떤 의미인가요? 설명해 줄 수 있습니까?"

"적용한 공식을 말씀해 주시겠습니까?"

이런 몇 가지 지적과 함께 교수님들의 상세한 가르침이 중간중간이어졌다.

"앗! 발표 내용 좀 바꿀게"라는 나의 말에 친구들은 당황스러워했다. 이유를 말할 겨를도 없었다. 우선 첫 장을 바꾸고 준비했던 말도 바꾸고 마지막으로 결론도 바꾸었다. 단 몇 분 사이에 밤새 작성했던 내 발표 자료는 전면 수정되었다.

다음으로 우리 팀의 발표가 시작되었다.

첫 페이지에는 아주 간단한 공식을 크게 적었다. 그리고 이렇게 시작했다.

"존경하는 교수님, 그리고 방청객 여러분! 지금 보는 이 공식은 공대생이라면 누구나 기본적으로 알고 있는 공식입니다. 공부 못하는 저도 이 정도는 알고 있습니다.(작은 웃음) 그러나 저는 이번 발표를 준비하면서 아주 소름끼치는 경험을 했습니다.(잠시 침묵) 시험 문제 풀 때 당연하게 외워 쓰던 이 공식의 진정한 가치를 알게 되었습니다. 놀라운 순간이었습니다. 우리 팀은 이제 이 공식을 알고 있는 것이 아니라 제대로 이해하게 되었습니다."

이건 거짓말이 아니었다. 밤새 준비하면서 친구들과 같이 이 공식의 의미를 진지하게 토론했었고 의미를 깨우치면서 진심으로 기뻐했었다.

몇몇 교수들은 살짝 웃었다. 나는 자신감을 가졌다. 계속해서 발표가 진행되었고 우리 팀 친구들의 장치 시연도 실수 없이 이어졌다. 시연 후 나의 설명은 이렇게 진행되었다.

"매우 초라해 보이는 장치입니다. 인정합니다. 그러나 우리 팀에게 이 장치는 매우 소중한 경험을 주었습니다. 그냥 외우던 간단한 공식의 의미를 몸으로 느끼게 해주었으니까요. 또한 무한한 확장성도 갖고 있습니다. 몇 가지 사례로는…."

그리고 이번 프로젝트를 통해 느낀 바를 가지고 열심히 공부하겠다는 결론으로 끝을 맺었다. 나의 그날 프레젠테이션은 이렇게 마무리되었다. 다행히 비웃음보다는 큰 박수가 터져 나왔다.

모든 발표가 마무리되고 심사결과 집계가 이어졌다. 이제 결과 발표만 남아 있었다. 그런데 심사위원들 사이에 작은 논란이 있는 듯했다. 조교가 뭔가 심각하게 이야기를 하는 모습이 보였다. 잠시 후 조교가 우리를 구석으로 불렀다. 심각한 얼굴이었다.

"말하기 좀 그런데… 예상치 못한 결과가 나왔다.(침묵)"

"너희가 1등이다. 당황스럽다. 나는 도저히 받아들일 수가 없다. 그이유는 너희들이 더 잘 알 것이다. 그럼에도 불구하고 규정이 그러니 1등으로 처리한다."

당황스럽긴 우리도 마찬가지였다. 어떻게 1등을 할 수 있단 말인가? 우선 부끄러운 마음이 먼저 들었다. 1년 동안 열심히 준비한 다른 팀들에게 미안한 마음도 들었다.

"가능하다면 등수를 내려주십시오. 1등은 아니라고 생각됩니다."

부끄럽고 미안한 마음에 친구들과 상의하여 등수 조정을 요청하였다. 최종결과는 3등으로 발표되었다. 충분히 기뻤다. 1등은 그터

치패드였다.

모든 시상을 마치고 복잡미묘한 감정으로 강의실을 빠져나갈 때 내 옆을 지나시던 교수님께서 이렇게 칭찬해 주셨다. 지금도 생생히 기억에 남는 말씀이다.

"발표 잘 들었네. 신선했어. 학생다운 모습과 진지함이 심사위원들의 마음을 잡아버렸다네."

돌이켜보면 교수님들이 터치패드 등 다른 팀의 발표를 보면서 불편해했던 원인은 발표자들의 배역 설정에 있었다. 학생의 자세라기보다는 교수님의 자세였고, 이는 심사위원인 교수님과 논쟁을 불러일으키기에 충분했다. 이처럼 객관적으로 보이는 평가일지라도 사실은 심사위원의 주관적 판단에 따라 이루어진다. 나답게 발표하는 것, 그리고 진심을 담아 발표하는 것만큼 설득에 효과적인 것은 없다.

Note

1. 나답게 발표할 때 가장 설득력이 강하다. 자신의 스타일에 맞는 연출과 현재 자신의 위치에 맞는 배역 설정이 설득력이 있다. 스스로 확신을 가지고 발표하면 된다.
2. 불필요한 논쟁이 생길 것 같은 내용은 넣지 마라. 발표 시에 논쟁이 벌어질 내용은 빼야 한다. 발표에서 논쟁이 벌어지는 순간 프레젠테이션은 엉망이 된다. 간혹 치명적인 지적을 받을 수도 있다.

프레젠테이션 고수로 거듭나라

이 책은 많은 프레젠테이션 고수들과의 인터뷰를 통해 발견한 공통점을 바탕으로 쓰여졌다. 프레젠테이션이 개인의 삶에 있어 왜 중요하며 어떤 가치를 가지는지를 여러 사례를 통해 살펴보았고, 특히 공감력, 구성력, 연출력을 갖춘 전략적 접근이 명품 프레젠테이션을 탄생시키는 비법임을 지금까지 알아보았다. 마지막 장에서는 실제 경쟁 프레젠테이션에서 승리한 사례를 모아 현장감을 느껴보았다.

그러나 이 책을 정독했다 할지라도 습관이 되지 않는다면 적용하기 힘들 것이고, 다양한 사례를 살펴보았지만 실제 상황의 다양성은 책에 표현할 수 있는 가능성을 넘어선 무한대의 영역일 것이다. 결국 자신의 기본기를 탄탄히 하고 상황에 대처하는 판단력을 키워 나아가는 것이 승리하는 프레젠테이션의 관건이라 할 수 있다.

'돈오'라는 불교용어가 있다. '문득 깨달음'이란 의미다. 순간적으로 도를 깨쳐 사물의 진리를 바라보게 되는 경지에 도달함을 의미한다. 가능하다고 생각하는가? 가능하다고 믿는다. 철학적, 종교적 도의 깨침을 어찌 감히 논하랴만 적어도 프레젠테이션에서 경험한 바로는 가능하다고 믿는다. 하나를 깊이 있게 밤낮으로 계속 생각하다 보면 순간 '아!' 하고 해법이 보이기 시작한다. '아!' 하는 놀라운 경험이 반복되면 어떤 상황에서건 당연히 해법은 있다고 믿게 된다.

마무리 글을 쓰는 지금도 중요한 프레젠테이션을 앞두고 있다. 지금까지 약 두 달간 경합을 벌여왔고 최종 프레젠테이션을 앞두고 있다. 탄탄한 팀워크를 바탕으로 기술 분석과 상황 분석을 진행하였고, 고객의 컴펠링 이벤트Compelling Event를 바꾸어 1차 제안에서 두 곳의 경쟁상대를 물리쳤으며 이제 가장 강력한 경쟁상대와의 마지막 승부만 남았다. 고객의 의사결정자는 보수형이며 영향권자는 추종형이다. 경쟁사의 적장은 다행히도 성격이 급하고 자존심이 매우 강한 상대다. 시시각각 변하는 정보를 바탕으로 굳건한 시나리오를 작성하였고 허를 찌를 만한 킬링 포인트도 준비해 두었다. 발표자로서의 배역 설정은 평가자로 잡았다. 준비한 연출에 따라 프레젠테이션이 잘 진행되어 어려운 경쟁에서 승리하기를 간절히 소망한다. 수고해 준 팀원들과의 축하 파티를 상상하면서 말이다.

경쟁을 한다는 것은 누군가는 승자가 되고 동시에 누군가는 패자가 됨을 의미한다. 확률적으로 나는 둘 중 하나일 수밖에 없다. 승자가 되고자 하는 욕구는 인지상정이니 경쟁자 또한 혼신의 힘을 다해 준비할 것이다. 승리의 영광을 내가 가지기 위해서는 무엇인가 다르게 시도해야만 하며 그것은 아주 작은 차이에서 비롯될 수도 있다. 이에 고수들이 전해준, 발표를 좀 더 고급스럽게 만들어주는 그들만의 팁을 정리하고자 한다. 슬라이드 작성이나 발표형식이 아닌 실전에서 고수들이 늘 기억하며 점검하고 있는 팁들이니 하나씩 그 의미를 새겨보기 바란다. 작은 차이가 승리를 만드는 요인일 수도 있기 때문이다.

프레젠테이션 고수들의 팁 21가지

1. 강조할 때는 무대의 중앙에 서라. 모든 청중이 잘 보일 수 있도록 위치한다.

2. 침묵도 발표다. 의도적 침묵은 집중도를 높인다.(단, 3초 이내여야 한다.)

3. 말의 흐름이 끊겨져서는 안 된다. 청중과의 연결이 끊긴다.

4. 동영상은 짧게 하라. 30초 이상 넘으면 지루하다.

5. 언제나 트렌디한 유머를 준비한다. 시사에 맞게 일상에서 늘 찾아두어야 한다.

6. 발표시간은 철저히 맞추어야 한다. 늘 5분 줄여 연습한다.

7. 화끈한 맺음말이 고급스럽다. 질질 끄는 맺음말은 앞의 내용을 망친다.

8. 자신 있게 시작하라. 자신 없는 시작은 청중을 불안하게 한다.

9. 무조건 세 가지로 요약하라. 사람은 세 가지 이상이면 부담스러워한다.

10. 손동작은 제2의 언어이다. 말과 맞게 자연스럽게 처리한다.

11. 표정까지 연출하라. 발표는 말로만 하는 게 아니다.

12. 발표내용은 경제적이어야 한다. 줄이고 또 줄여 알짜배기만 남겨야 한다.

13. 강의는 절대 금한다. 강의는 교육시간에 하면 된다.

14. 나답게 발표하라. 당신은 스티브 잡스가 아니다.

15. 시간 부족하다고 빨리 말하지 마라. 발라드 노래 2배속 듣기와 같다.

16. 항상 확신에 찬 모습을 보여라. 청중은 확신에 찬 발표자만이 설득할 수 있다.

17. 대본은 무조건 외워라. 읽으면서 발표하면 설득력 떨어진다.

18. 빨리 진행하라. 느리면 집중하기 힘들다. 말의 속도가 아닌 흐름의 속도에 집중하라.

19. 얼버무리지 마라. 청중이 의심하면 망한다.

20. 평가는 소중히 들어라. 아플수록 성숙한다.

21. 설득은 감성을 자극하는 일이다. 청중은 스스로 이성적이며 객관적이라 스스로 믿지만 사실은 매우 감성적이며 주관적이다.

　우리는 이미 연결의 시대로 접어들었다. 하루에도 수많은 사람들과 만나 의견을 말하고 표현하는 일이 점점 많아지고 있다. 나와 나의 것을 알리고 표현하고 설득하는 일은 현재를 사는 우리 모두에게 일상이다. 그리고 그 표현의 형태가 프레젠테이션으로 나타날 경우가 점점 많아지고 있다.

　많이 아는 것과 잘 표현하는 것은 별개의 능력이다. 아무리 지식이 많은 사람이라도 그것을 제대로 표현하지 못하면 인정받기 힘든 시대로 접어들었다. 단언컨대 지금은 표현력이 뛰어난 사람이 거침없이 앞으로 나아갈 수 있는 기회가 열린 시대다. 따라서 표현의 시대에 자기계발 분야의 1위는 프레젠테이션 능력이 될 것이다. 따라서 이에 대비하여야 하며 기왕에 할 것이라면 이기는 명품 프레젠테이션을 해야 한다. 지금까지의 내용을 부디 자신의 스타일에 잘 적용하여 어떠한 상황에서도 명품 프레젠테이션을 만들어내는 고수가 되기를 바란다.

▪ 참고서적

· 《공감력, 히라노 히데노리》, 21세기북스

· 《공감이 먼저다》, 장정빈, 울림

· 《마흔에 읽는 손자병법》, 강상구, 흐름출판

· 《생각의 탄생》, 미셸&로버트 루트번스타인, 에코의서재

· 《설득의 정석》, 황현진, 비즈니스북스

· 《역사를 바꾼 모략의 천재들》, 차이위치우, 들녘

· 《왓칭》, 김상운, 정신세계사

· 《이기는 손자병법》, 손무, 아름다운날

· 《전쟁으로 보는 한국 역사》, 이기훈, 지성사

· 《철학이 필요한 시간》, 강신주, 사계절출판사

· 《프레젠테이션, 쇼하지 말고 톡하라!》, 류현주, 팜파스

· 《프리젠테이션》, 조두환, 가림출판사

· 《현대인의 정신건강》, 이동식, 한강수

·비즈니스에 도움이 되는 호이테북스 책·

잠자는 창의력을 깨워라
박봉수 지음
값 15,000원

당신도 창의력이 주인이 될 수 있다!

최근 사회 곳곳에서 창의력을 부르짖고 있다. 창의력을 발휘하지 못하는 이유는 창의
력 도구를 모르기 때문이다. 이 책은 창의력을 개발하는 도구와 방법들을 담아 실제
업무나 실생활에서 창의력을 발휘하도록 도와준다.

사고력을 키우는 읽기기술
세노오 켄이치로 지음 | 김소운 옮김
값 10,000원

학습능력의 저하, 그 본질은 읽기에 있다

최근 몇 년간 언론에 심심찮게 등장했던 이슈 중 하나가 학습능력에 관한 부분이다.
도대체 왜 학습능력의 부재가 발생하는 것일까? 이 책의 저자는 그 원인을 바로 '읽기'
에서 찾는다. 그리고 대안으로 리터러시(Literacy)를 제시한다.

지속가능기업에 투자하라
지속가능발전기업협의회 지음
값 13,000원

위대한 기업을 넘어 지속 가능한 기업으로

기업들의 평균 수명이 갈수록 짧아지고 있다. 게다가 고객들은 끊임없이 변화하고, 더
많은 것을 요구하고 있다. 이러한 상황을 이겨내고, 계속 성장하면서도 이해관계자들
과 함께 할 수 있는 지속가능경영의 해법을 제시한다.

세일즈, 심리학에서 답을 찾다

김상범 · 오정환 지음

14,500원

고객, 자신, 조직을 움직이는 심리의 모든 것!

세일즈의 모든 답은 마음속에 있다. 심리를 활용하면 무엇이든 팔 수 있다. 하지만 정작 심리을 들여다 볼 수 없어서 지레짐작으로 행동하고, 사후조치를 할 수밖에 없었다. 이 책은 그러한 시행착오를 줄이고, 고객을 이해하는 데 한걸음 더 나아가게 해 준다.

지속가능기업에 투자하라

지속가능발전기업협의회 지음

값 13,000원

위대한 기업을 넘어 지속 가능한 기업으로

이 책은 영업달인이 되기 위해서 반드시 갖춰야 할 효과적인 질문법을 다뤘다. 질문의 필요성과 기본 원칙, 기능 및 유형은 물론 각 상황별 질문을 구체적인 상황별로 담아 당신에게 한 차원 높은 영업력을 발휘하게 해줄 것이다.

팔지 말고 코칭하라

김상범 지음

14,500원

제대로 팔려거든 고객의 코치가 돼라!

영업으로 성공하고 싶은가? 그렇다면 당신은 고객과 함께 하면서 고객이 성공하도록 도와주는 파트너가 되어야 한다. 이 책에서 저자는 고객과 효과적으로 상담을 할 수 있도록 영업 기법에 코칭 철학과 기법을 접목해서 간단하고도 사용이 편리한 영업 기법과 대화 모델을 제공한다.

경쟁에서 20분 만에 판을 뒤집는
고수의 프리젠테이션 전략

초판1쇄 인쇄 | 2018년 1월 2일
초판1쇄 발행 | 2018년 1월 5일

지은이 | 박상현
펴낸이 | 김진성
펴낸곳 | 헤르테

편집 | 신은주, 정소연
디자인 | 장재승
관리 | 정보해

출판등록 | 2005년 2월21일 제2016-000006호
주소 | 경기도 수원시 장안구 팔달로237번길 37, 303호(영화동)
전화 | 02-323-4421
팩스 | 02-323-7753
Homepage | www.heute.co.kr
E-mail | kjs9653@hotmail.com